中国特色社会主义
法治理论与实践系列研究生教材 7

法律硕士专业学位研究生案例研究指导丛书

U0711734

行政法与行政诉讼法学案例研究指导

主　编　王敬波

副主编　宗婷婷

撰稿人　王敬波　宗婷婷　芮雪晴

满　鑫　马　啸　周佳臻

李弈的

中国政法大学出版社

2021·北京

图书在版编目（ＣＩＰ）数据

行政法与行政诉讼法学案例研究指导/王敬波主编—北京:中国政法大学出版社，2021.1

ISBN 978-7-5620-9805-8

Ⅰ．①行… Ⅱ．①王… Ⅲ. ①行政法学－案例－中国②行政诉讼法－案例－中国

Ⅳ．①D922.105②D925.305

中国版本图书馆CIP数据核字(2020)第271574号

出　版　者	中国政法大学出版社
地　　　址	北京市海淀区西土城路 25 号
邮寄地址	北京 100088 信箱 8034 分箱　邮编 100088
网　　　址	http://www.cuplpress.com (网络实名：中国政法大学出版社)
电　　　话	010－58908435(第一编辑部) 58908334(邮购部)
承　　　印	保定市中画美凯印刷有限公司
开　　　本	720mm×960mm　1/16
印　　　张	13
字　　　数	201 千字
版　　　次	2021 年 1 月第 1 版
印　　　次	2021 年 1 月第 1 次印刷
印　　　数	1～5000 册
定　　　价	49.00 元

作者简介

    王敬波 对外经济贸易大学副校长，教授，博士研究生导师。兼任中国机构编制管理研究会副会长，中国法学会行政法学研究会秘书长，中国法学会常务理事，最高人民检察院专家咨询委员，教育部、国家市场监管总局等国务院部门法律顾问。2017 年~2019 年曾挂职最高人民法院行政审判庭副庭长。研究方向：行政法学。出版学术专著、合著二十余部，包括《行政体制改革研究》《行政法学》《高等教育领域里的行政法问题研究》等。发表论文百余篇，包括《政府信息公开中的利益衡量》《面向整体政府的改革与行政主体理论的重塑》《司法认定无效行政协议的标准》等。

    宗婷婷 中国政法大学法律硕士学院讲师，法学博士，政治学博士后。

    芮雪晴 中国政法大学博士研究生。

    满　鑫 中国政法大学博士研究生。

    马　啸 中国政法大学博士研究生。

    周佳臻 中国政法大学硕士研究生。

    李羿的 中国政法大学硕士研究生。

序　言

　　法学学科是实践性很强的学科。2017 年 5 月 3 日，习近平总书记考察中国政法大学时对法学教育和法治人才培养提出了明确要求。他指出："法学教育要处理好法学知识教学和实践教学的关系。学生要养成良好的法学素养，首先要打牢法学基础知识，同时要强化法学实践教学。"如何使学生学习法治理论的同时，能够深入了解中国法治实践，拥有解决实际问题的知识和能力，是法学教育必须解决的首要问题。

　　法律硕士专业学位研究生教育最注重实践教学，日益成为法学教育的主要形式。近十几年来，法律硕士专业学位研究生教育快速发展，无论是举办高校数量还是招生规模都一路高企，呈现出一派繁荣景象。随着应用型硕士与学术型硕士的分野，二者之间在培养模式、培养标准、教学方式、教材体系等方面有何区别等问题亟待研究。可以说，法律硕士与法学硕士最大的区别在于人才培养目标不同，法律硕士培养应当服务、服从于法治实践，为实务部门培养具有法律专业素养和职业精神的优秀人才。有鉴于此，构建有别于学术型硕士的培养模式、制定统一的培养标准、改革教育教学方法、编写高质量教材，成为法律硕士专业学位研究生教育的当务之急。

　　法律硕士培养规律和实践表明，案例教学是强化实践教学的重要方式，也是增强学生问题意识，提高解决问题能力的有效途径。案例教学不仅能够使学生深入了解法治工作实际，提高他们正确适用法律的能力，而且可以促进理论和实践的有机结合，提升他们的理论素养。

　　中国政法大学作为全国第一批法律硕士专业学位研究生培养单位和第一所设立法律硕士学院的高校，在法律硕士专业学位研究生培养方面积累了一定经验。为进一步推动法律硕士专业学位研究生教学改革，深化培养模式改革，打通知识教学与实践教学之间的壁垒，强化实践教学和案例教学，学校组织有较高理论素养和实践能力的教师编写了《中国特色社会主义法治理论与实践系列研究生教材之法律硕士专业学位研究生案例研究指导丛书》（以下简称"案例研究指导丛书"），帮助学生从案例研究入手，更好地学习法学知识，掌握专业技巧，提高实践能力，以适应日益增长的社会需求。

案例研究指导丛书坚持以中国特色社会主义法治理论为指导，坚持从中国国情和实际出发，融通世界先进经验与中国智慧，结合中国法治实践，在夯实学生法学专业基础的同时，注重培养学生的理想信念、家国情怀、人文精神和责任担当，提高学生发现问题、分析问题、解决问题的能力，形成运用法律思维和法治方法分析解决问题的自觉意识。

衷心希望这套教材能够在法律硕士专业学位研究生培养中发挥积极作用，成为广大法律硕士专业学位研究生的案头必读书。

是为序！

中国政法大学　马怀德
2019 年 4 月 12 日

前　言

　　案例研究方法作为法学研究的重要方法之一，近年来也被行政法学者运用于行政法学研究中来。近年来，我国行政法理论体系已趋于固定，丰富的行政法学基础概念与理论的教科书为法科生学习行政法知识奠定了坚实的基础。但是对于法学人才的培养也需要注重对其司法实务能力的培养，因此通过行政法案例教学的方式培养学生分析真实案件中的问题，提升其思考并解决实际问题的能力，显得尤为必要。除此之外，关注并研究中国司法实务中的典型案例，又可以反哺行政法学基础理论，丰富行政法学基本原理的更迭，进而强化理论与司法实践的有效衔接，促进行政法治发展。

　　本书共包含五章内容，分别是受案范围、诉讼参加人、证据、起诉与受理以及审理与裁判。第一章结合相关案例，对《行政诉讼法》第12条第12项中的"合法权益"的内涵进行分析与阐释，考察行政诉讼受案范围中具有争议的四种情形，围绕行政不作为、内部行政行为、重复处理行为、过程性行政行为这四类行为是否属于行政诉讼受案范围展开讨论。第二章讨论的是行政诉讼参加人。《行政诉讼法》2014年的修改对诉讼参加人相关规定做出了较大修改：一是从法律上确立了原告资格的"利害关系"标准；二是将复议机关维持原行政行为案件的原行政机关与复议机关列为共同被告；三是丰富和发展了第三人的外延，同被诉行政行为有利害关系或同案件处理结果有利害关系的，均可取得第三人地位，还赋予了第三人独立的上诉权。为帮助理解行政诉讼参加人制度修改后的变化，本章选取了相关经典案例进行剖析解读。第三章围绕行政诉讼的证据展开讨论，诉讼证据是诉讼主体用来证明案件真实情况的一切材料。行政诉讼证据就是在行政案件中行政诉讼主体用以证明行政案件真实情况的一切材料。诉讼的关键就是举证，证据的有无与证明力大小，直接关系当事人的胜败。本章选取了部分经典案例对证明对象与证据的特征、被告的举证责任、被告取证的规则、原告的证明责任、证明标准等重要问题进行了阐释。第四章进入行政诉讼程序，探析行政诉讼起诉与受理中的关键问题。行政诉讼的起诉与受理是一个案件是否被人民法院准予进入行政诉讼审理过程的必要程序。法定的起诉条件大致分为三类：起诉的一般条件、起诉的时间条件、起诉的程序条件。除此之外，人民法院还会对当事人是否重复起诉、当事人是否滥用诉权等等进行审查。人民法院审查起诉后，对符合起诉条件的案件予以立案，不符合起诉条件的裁定不予立案，立案后发现不符合起诉条件的裁定驳回起诉。第五章也是从案例视角切入，围绕行政诉讼审理与裁判过程中的重点问题展开讨论。本章下设七个专题，分别是参照规章、规范性文件附带审查制度、撤销行政行为并判决重作的适用、履行法定职责判决的适用、基于利益衡量的确认违法判决的适用、确认无效判决的适用和行政协议的认定及其裁判方式。主要解决两个问题：法院在审理中如何适用法律法规等规范性文件和法院在裁判中如何适用不同的裁判方式。

本书的撰稿分工如下：

王敬波：第一章专题一至专题三、第二章专题一至专题三、第五章专题一至专题三。

宗婷婷：第三章专题一至专题三、第四章专题一至专题三、第五章专题四至专题五。

芮雪晴：第一章专题四、专题五。

满　鑫：第二章专题四、专题五。

周佳臻：第三章专题四、专题五。

马　啸：第四章专题四、专题五。

李羿的：第五章专题六、专题七。

编　者

2020 年 8 月

图书总码

本书部分法律法规全简称表

法律文件名称全名	本书使用法律文件名称
《中华人民共和国宪法》（1982）及 1988、1993、1999、2004、2018 年的宪法修正案	《宪法》
《中华人民共和国立法法》（2015）	《立法法》
《中华人民共和国行政诉讼法》（2017）	《行政诉讼法》〔1〕
《最高人民法院关于执行〈中华人民共和国行政诉讼法〉若干问题的解释》（2000）（2018 年失效）	《2000 年司法解释》
《最高人民法院关于适用〈中华人民共和国行政诉讼法〉若干问题的解释》（2015）（2018 年失效）	《2015 年司法解释》
《最高人民法院关于适用〈中华人民共和国行政诉讼法〉的解释》（2018）	《2018 年司法解释》
《最高人民法院关于行政诉讼证据若干问题的规定》（2002）	《行政诉讼证据规定》
《中华人民共和国行政复议法》（2017）	《行政复议法》
《中华人民共和国行政许可法》（2019）	《行政许可法》
《最高人民法院关于审理行政许可案件若干问题的规定》（2009）	《审理行政许可案件解释》
《中华人民共和国行政处罚法》（2017）	《行政处罚法》
《中华人民共和国教育法》（2009）	《教育法》
《中华人民共和国城乡规划法》（2019）	《城乡规划法》

---

〔1〕 现行《行政诉讼法》之前的《中华人民共和国行政诉讼法》，本书分别简称《行政诉讼法》（1989）和《行政诉讼法》（2014）。

续表

法律文件名称全名	本书使用法律文件名称
《中华人民共和国公务员法》（2018）	《公务员法》
《中华人民共和国价格法》（1997）	《价格法》
《中华人民共和国律师法》（2017）	《律师法》
《中华人民共和国产品质量法》（2018）	《产品质量法》
《中华人民共和国反不正当竞争法》（2019）	《反不正当竞争法》
《中华人民共和国收养法》（1998）	《收养法》
《中华人民共和国森林法》（2019）	《森林法》
《中华人民共和国水污染防治法》（2017）	《水污染防治法》
《中华人民共和国土地管理法》（2019）	《土地管理法》
《中华人民共和国合同法》（1999）	《合同法》
《中华人民共和国环境保护法》（2014）	《环境保护法》
《中华人民共和国学位条例》（2004）	《学位条例》
《中华人民共和国行政复议法实施条例》（2007）	《行政复议法实施条例》
《中华人民共和国政府信息公开条例》（2019）	《政府信息公开条例》
《工伤保险条例》（2010）	《工伤保险条例》
《国家公务员暂行条例》（1993）（2006年失效）	《国家公务员暂行条例》
《中华人民共和国土地管理法实施条例》（2014）	《土地管理法实施条例》
《规章制定程序条例》（2017）	《规章制定程序条例》
《个体工商户条例》（2016）	《个体工商户条例》
《城镇排水与污水处理条例》（2013）	《城镇排水与污水处理条例》

目　录

| 第一章 |

受案范围

受案范围一章下设五个专题，分别是合法权益的范围、行政不作为的可诉性判断、内部行政行为的可诉性判断、重复处理行为的可诉性判断以及过程性行政行为的可诉性判断。

行政诉讼的受案范围是指法院能够受理的行政案件范围，亦指行政相对人针对哪些行政行为能够提起行政诉讼从而获得救济。行政诉讼的受案范围问题是行政诉讼制度中的基本问题。《行政诉讼法》（1989）的草案说明提到，基于现下行政法制不完备、人民法院行政审判庭不健全以及"民告官"观念需要更新等实际情况考虑，受案范围不宜规定太宽，而应逐步扩大，以利于行政诉讼制度的推行。[1]随着我国经济社会的发展以及法治建设的不断推进，关于受案范围的原有规定已不能适应实际需要。在《行政诉讼法》修改之前，为适应新情况，一方面，人民法院在审理案件中能动地拓展行政诉讼受案范围；另一方面，最高人民法院以出台司法解释的方式对行政诉讼受案范围进行扩展，最高人民法院在2000年发布的《2000年司法解释》中以否定列举的方式明确了不属于受案范围的几种情形[2]。《行政诉讼法》（2014）明显扩大了行政诉讼受案范围。例如，以"行政行为"替换"具体行政行为"[3]，以"人身权、财产权等合法权益"替换"侵犯人身权、财产权"[4]，

---

〔1〕 参见王汉斌："关于《中华人民共和国行政诉讼法（草案）的说明》"，载 http://www.npc.gov.cn/wxzl/gongbao/2000 - 12/27/content_5002264.htm.，最后访问时间：2018 年 11 月 17 日。

〔2〕 参见《2000 年司法解释》第 1 条。

〔3〕 参见《行政诉讼法》第 2 条。

〔4〕 参见《行政诉讼法》第 12 条。

并且将行政协议与规范性文件附带审查纳入受案范围等。2018年，最高人民法院出台了《2018年司法解释》，列举了10项不属于行政诉讼受案范围的情形[1]，进一步细化了不属于受案范围的具体情形。

　　本章专题一主要对《行政诉讼法》第12条第12项中的"合法权益"的内涵进行分析，该款是通过概括式规定扩大受案范围的直接体现。专题一通过相关案例对合法权益的内涵进行阐释，专题二至专题五主要考察行政诉讼受案范围中具有争议的四种情形，围绕行政不作为、内部行政行为、重复处理行为、过程性行政行为这四类行为是否属于行政诉讼受案范围展开讨论。

专题一　合法权益的范围

知识概要

　　《行政诉讼法》第12条规定了行政诉讼的受案范围，前11项为具体案件类型，最后1项为概括性规定。[2]表述为："人民法院受理公民、法人或者其他组织提起的下列诉讼：……⑫认为行政机关侵犯其他人身权、财产权等合法权益的。"据此，除前述11项具体情形之外，"侵犯其他人身权、财产权等合法权益的"行政行为均属于行政诉讼的受案范围。那么，应如何理解本项规定中"合法权益"的内涵呢？本节将结合相关案例对该问题进行探究。

　　在《行政诉讼法》（2014）修改前，旧法的第11条对行政诉讼受案范围

　　　〔1〕　参见《2018年司法解释》第1条。
　　　〔2〕　《行政诉讼法》第12条："人民法院受理公民、法人或者其他组织提起的下列诉讼：①对行政拘留、暂扣或者吊销许可证和执照、责令停产停业、没收违法所得、没收非法财物、罚款、警告等行政处罚不服的；②对限制人身自由或者对财产的查封、扣押、冻结等行政强制措施和行政强制执行不服的；③申请行政许可，行政机关拒绝或者在法定期限内不予答复，或者对行政机关作出的有关行政许可的其他决定不服的；④对行政机关作出的关于确认土地、矿藏、水流、森林、山岭、草原、荒地、滩涂、海域等自然资源的所有权或者使用权的决定不服的；⑤对征收、征用决定及其补偿决定不服的；⑥申请行政机关履行保护人身权、财产权等合法权益的法定职责，行政机关拒绝履行或者不予答复的；⑦认为行政机关侵犯其经营自主权或者农村土地承包经营权、农村土地经营权的；⑧认为行政机关滥用行政权力排除或者限制竞争的；⑨认为行政机关违法集资、摊派费用或者违法要求履行其他义务的；⑩认为行政机关没有依法支付抚恤金、最低生活保障待遇或者社会保险待遇的；⑪认为行政机关不依法履行、未按照约定履行或者违法变更、解除政府特许经营协议、土地房屋征收补偿协议等协议的；⑫认为行政机关侵犯其他人身权、财产权等合法权益的。除前款规定外，人民法院受理法律、法规规定可以提起诉讼的其他行政案件。"

也作了概括性规定:"人民法院受理公民、法人和其他组织对下列具体行政行为不服提起的诉讼:……⑧认为行政机关侵犯其他人身权、财产权的。"对比修法前后,行政诉讼保护的合法权益由旧法的"人身权、财产权"扩大为"人身权、财产权等合法权益",由此,除人身权、财产权外,其他形式的合法权益也被纳入行政诉讼的保护范围。

这一修改符合《宪法》对我国公民基本权利的规定,即我国公民享有的基本权利除人身权、财产权外,还包括受教育权、劳动权、获得物质帮助权等,这些基本权利均属于合法权益的范围。同时,受案范围的扩大也是对司法实践现状的回应。在《行政诉讼法》(2014)修改前,因人身权或财产权以外的其他合法权益受侵犯而提起的行政诉讼案件的情况逐渐增多,但法院是否应当受理此类案件缺乏明确的法律依据。在司法实践中,法院为更好地保护行政相对人或利害关系人的合法权益,对部分超越人身权与财产权范畴的合法权益受损案件予以受理,这在一定程度上扩大了受案范围,如"田某诉北京科技大学拒绝颁发毕业证、学位证行政诉讼案",是基于受教育权受到侵犯而提起的行政诉讼,法院对本案受理与裁判不仅保障了当事人的受教育权,并且扩大了行政诉讼的受案范围,使得受教育权纠纷案件被纳入行政诉讼中来。

◈ 经典案例

田某诉北京科技大学拒绝颁发毕业证、学位证行政诉讼案[1]

一、基本案情

案件事实:原告田某为北京科技大学本科生,其于1996年2月29日参与课程补考时携带与考试内容相关的纸条被监考老师发现。被告北京科技大学根据校发(94)第068号《关于严格考试管理的紧急通知》中"凡考试作弊的学生一律按退学处理,取消学籍"的规定,认定田某的行为属作弊行为,

---

[1] 案号:北京市第一中级人民法院(1999)一中行终字第73号。载《最高人民法院公报》1999年第4期。为了行文简洁、方便读者识别当事人身份,本书在叙述上诉、申诉案件时,沿用一审中"原告""被告"身份。

并作出退学处理决定。同年 4 月 10 日，被告填发了学籍变动通知，但退学处理决定和变更学籍的通知未直接向田某宣布、送达，被告也未给田某办理退学手续，田某继续以该校大学生的身份参加正常学习及学校组织的活动。1996 年 9 月，被告为田某补办了学生证，并按时交纳教育费、完成注册。被告还给田某发放了大学生补助津贴，安排田某参加了大学生毕业实习设计。田某在校期间先后通过了英语四级考试，学习成绩全部合格，并通过毕业实习、毕业设计及论文答辩。1998 年 6 月，田某所在院系向被告报送田某所在班级授予学士学位表时，被告有关部门以田某已按退学处理、不具备北京科技大学学籍为由，拒绝为其颁发毕业证书，进而未向教育行政部门呈报田某的毕业派遣资格表。田某所在院系认为原告符合大学毕业和授予学士学位的条件，但由于当时原告因毕业问题正在与学校交涉，故暂时未在授予学位表中签字，待学籍问题解决后再签。被告因此未将原告列入授予学士学位资格的名单交该校学位评定委员会审核。因被告单位的部分教师为田某一事向原国家教委申诉，国家教委高校学生司于 1998 年 5 月 18 日致函被告，认为被告对田某违反考场纪律一事处理过重，建议复查。同年 6 月 10 日，被告复查后，仍然坚持原结论。田某认为自己符合大学毕业生的法定条件，北京科技大学拒绝给其颁发毕业证、学位证是违法的，遂向北京市海淀区人民法院提起行政诉讼。

原告诉称：原告一直以在校生身份在被告北京科技大学参加学习和学校组织的一切活动，完成了学校制定的教学计划，并且学习成绩和毕业论文已经达到高等学校毕业生水平。然而在临近毕业时，被告才通知原告所在的系，以原告不具备学籍为由，拒绝颁发毕业证、学位证和办理毕业派遣手续。被告的这种作法违背了法律规定。

被告辩称：原告违反本校《关于严格考试管理的紧急通知》中的规定，在补考过程中夹带写有电磁学公式的纸条被监考教师发现，本校决定对原告按退学处理，通知校内有关部门给原告办理退学手续。给原告本人的通知，也已经通过校内信箱送达到原告所在的学院。至此，原告的学籍已被取消。由于原告不配合办理有关手续，校内的一些部门工作不到位，再加上部分教职工不了解情况等原因，造成原告在退学后仍能继续留在学校学习。但是，校内某些部门及部分教师默许原告继续留在校内学习的行为，不能代表本校意志，也不证明原告的学籍已经恢复。没有学籍就不具备高等院校大学生的毕业条件，本校不给原告颁发毕业证、学位证和不办理毕业派遣手续，是正确的。法院应当依法驳回田某的诉讼请求。

诉讼请求：①为原告颁发毕业证、学位证；②及时有效地为原告办理毕业派遣手续；③赔偿原告经济损失3000元；④在校报上公开向原告赔礼道歉，为原告恢复名誉；⑤承担本案诉讼费。

法院裁判：①被告在本判决生效之日起30日内向原告颁发大学本科毕业证书；②被告在本判决生效之日起60日内组织本校有关院、系及学位评定委员会对原告的学士学位资格进行审核；③被告于本判决生效后30日内履行向当地教育行政部门上报有关原告毕业派遣的有关手续的职责；④驳回原告的其他诉讼请求。

二、法律问题

1. 本案是否属于行政诉讼受案范围？

2. 高校校规与法律规范相抵触时，应当如何处理？

3. 高校作出影响学生受教育权等合法权益的管理行为时应当遵循怎样的程序？

三、法理分析

事业单位、社会团体依法行使国家赋予的行政管理职权时产生的行政争议，应当适用《行政诉讼法》来解决。根据《教育法》第21条、第22条的规定，国家实行学业证书制度和学位制度。经国家批准设立或者认可的学校及其他教育机构按照国家规定，颁发学历证书或者其他学业证书。学位授予单位依法对达到一定学术水平或者专业技术水平的人员授予相应的学位，颁发学位证书。《学位条例》第8条规定："学士学位，由国务院授权的高等学校授予"。根据以上规定，本案被告北京科技大学是经国家批准设立的高等学校，其具有法律授权的向本校学生颁发学业证书、学位证书的行政职权，高校违法履行该行政职权对学生合法权益造成侵害的，属于行政争议，应纳入行政诉讼受案范围，以行政诉讼的方式实现对学生合法权益的救济。

教育者在对受教育者实施管理中，虽享有教育自主权，有权依照国家的授权，制定校规、校纪，对在校学生进行教学管理和违纪处理，但必须符合法律、法规和规章的规定，必须保护当事人的合法权益。《普通高等学校学生管理规定》（1990）第12条及第29条规定的应予退学情形中，没有不遵守考场纪律或者考试作弊应予退学的规定。北京科技大学的"068号通知"，不仅扩大了认定"考试作弊"的范围，而且对"考试作弊"的处理方法明显重于《普通高等学校学生管理规定》第12条的规定，也与第29条规定的退学条件相抵触，因此被告对原告作出的退学处理决定，有违法律、法规和规章的规定，应属无效。

被告对原告作出的退学处理，涉及原告的受教育权利，应当遵循正当程序原则。从充分保障当事人权益的原则出发，作出处理决定的单位应当将该处理决定直接向被处理者本人宣布、送达，允许被处理者本人提出申辩意见。北京科技大学没有照此原则办理，忽视当事人的申辩权利，这样的行政管理行为不具有合法性。北京科技大学实际上从未给田某办理过注销学籍、迁移户籍、档案等手续。特别是田某丢失学生证以后，该校又在1996年9月为其补办了学生证并注册，这一事实应视为该校自动撤销了原对田某作出的按退学处理的决定。此后发生的田某在该校修满4年学业，还参加了该校安排的考核、实习、毕业设计，其论文答辩也获得通过等事实，均证明按退学处理的决定在法律上从未发生过应有的效力，田某仍具有北京科技大学的学籍。因此，被告应当给原告颁发学业证书并重新审查决定是否授予其学士学位。

四、参考意见

1. 高校受教育者认为高校拒绝颁发学历证书、学位证书的行为对其合法权益产生侵害的，可以依法提起行政诉讼，人民法院应当受理。

2. 高校制定校规应当遵循法律法规的规定，依据违背国家法律、行政法规或规章的校规、校纪，对受教育者作出影响其合法权益的管理行为，不具有合法性，人民法院不予支持。

3. 高校对因违反校规、校纪的受教育者作出影响其基本权利的决定时，应当遵循正当程序原则，尊重当事人陈述、申辩的权利，并在决定作出后及时送达，否则视为违反法定程序。

拓展案例

某公司诉科技部不予受理科研项目资助案[1]

一、基本案情

2014 年 2 月 20 日，科技部在其官方网站上公告了 2015 年国家重点基础研究发展计划（即 973 计划）的申报指南。某公司在该指南指定的网上系统中填写了申请 973 计划的项目申请书。科技部收到该公司的项目申请书后，于同年 5 月 12 日作出不予受理决定，认为该公司申报的《海水蓄能电站》及《雨、洪水资源开发利用及跨流域调水》两项目不符合申报要求，决定不予受理项目申请。该公司不服被诉决定，向北京市第一中级人民法院提起行政诉讼。北京市第一中级人民法院一审认为，公民、法人或者其他组织提起行政诉讼，应当属于人民法院行政诉讼的受案范围。被诉决定是具有国家行政职权的机关所作行政行为，对某公司的合法权益产生了实际影响，且不属于《行政诉讼法》第 13 条、《2000 年司法解释》第 1 条第 2 款所明确排除于人民法院行政诉讼受案范围之外的行为。被诉决定属于人民法院行政诉讼的受案范围。但由于某公司的涉案项目申请书确实不符合 973 计划项目申请书的格式要求，未就项目基本情况填写相应内容，科技部无法就涉案项目是否符合申报要求进行进一步评审，故被诉决定正确。综上，依法判决驳回某公司关于撤销被诉决定的诉讼请求。

二、法律问题

本案中科技部不予受理科研项目资助行为是否属于行政诉讼受案范围？

三、重点提示

对公民、法人及其他组织权利保护范围的扩大是《行政诉讼法》（2014）实施后的一大亮点。该法第 12 条第 12 项的规定将权利保护范围进一步扩大到了人身权、财产权之外的其他权利。本案中，某公司受到被诉决定影响的

---

[1] 选自北京市高级人民法院行政审判庭发布的"北京市法院新行政诉讼法实施一周年十大典型行政案件"。

权利既不是人身权，也不是单纯的财产权，而是得到国家科技计划经费支持，进而获取科研有利条件的权利。科技部对不同的项目申请所作处理直接决定着该项目的申报主体能否取得计划经费的支持，影响了申报主体平等获取科研有利条件的权利，属于人民法院行政诉讼的受案范围。

◈ 阅读资料

二维码 1-1

专题二　行政不作为的可诉性判断

◈ 知识概要

我国《行政诉讼法》第 12 条规定了四种可诉的行政不作为情形：一是申请行政许可，行政机关拒绝或者在法定期限内不予答复行政许可申请的；二是申请行政机关履行保护人身权、财产权等合法权益的法定职责，行政机关拒绝履行或者不予答复的；三是认为行政机关没有依法支付抚恤金、最低生活保障待遇或者社会保险待遇的；四是认为行政机关不依法履行、未按照约定履行或者违法变更、解除政府特许经营协议、土地房屋征收补偿协议等协议的。[1]除这四种明确列举出来的行政不作为，其他由法律规定的行政职权而行政机关不予履行的情形也应纳入行政诉讼受案范围。

很多学者围绕行政不作为概念、内涵、构成要件等方面展开讨论。目前学界关于行政不作为概念的厘定有以下几种观点：第一种观点认为"行政不作为是行政机关消极地维持现有的法律状态"[2]；第二种观点认为"行政不

---

〔1〕《行政诉讼法》第 12 条。
〔2〕 叶必丰："行政不作为略论"，载《法制与社会发展》1996 年第 5 期。

作为是指行政机关没有履行某种法定职责的状态"[1]；第三种观点认为"行政不作为是行政机关负有作为的法定义务而在程序上消极的不作为的状态"[2]；第四种观点认为"行政不作为是指行政主体及其工作人员负有某种作为的法定义务，由于其程序上消极地不为一定动作或动作系列而使该义务在能够履行的情况下没有得以履行的一种行政行为"[3]。

为纠正行政不作为，最高人民法院发布了行政不作为典型案例，这些案件涉及教育、卫生、房屋管理、城市规划等多个领域。法院在审理这些案件时遵循以下基本思路：

第一，判断被告行政机关是否具有作为义务。一般从以下四点进行判断：一是行政机关是否具有法定的作为义务。"职权法定"是现代行政法的基本原则，法律规范是行政机关作为义务最重要的来源，法律规范包括法律、法规和规章。从具体的规定模式上看，既有法律规范直接设定行政机关负有某种特定的作为义务，也有法律规范通过授予行政机关某种职权或职责间接规定作为义务。二是行政机关是否通过公开的规范文件自行设定了作为义务。在很多典型行政不作为案件中，被告以行政规范的方式自行设定的职责均被法院视为行政作为义务。三是通过行政协议固定下来的作为义务，即《行政诉讼法》第 12 条第 1 款第 11 项规定的行政机关不履行签订的行政协议的不作为。四是基于行政机关先行行为产生的作为义务。

第二，判断被告行政机关是否具有履行作为义务的现实可行性。

第三，判断被告行政机关是否已作为。

📖 经典案例

周某华诉北京市朝阳区黑庄户乡人民政府不履行职责案[4]

一、基本案情

案件事实：原告周某华为北京市朝阳区黑庄户乡郎各庄村 84 - 2 号集体

---

[1] 熊菁华："试论行政不作为结论"，载《行政法学研究》1999 年第 2 期。
[2] 朱新力：《行政违法研究》，杭州大学出版社 1999 年版，第 133 页。
[3] 周佑勇："行政不作为的理论界定"，载《江苏社会科学》1999 年第 2 期。
[4] 案号：北京市朝阳区人民法院（2015）朝行初字第 819 号。选自中华人民共和国最高人民法院行政审判庭编：《行政执法与行政审判》（总第 70 集），中国法制出版社 2018 年版，第 272 页。

土地使用人。因准备在该土地原建房北房东数第一间设立公司，原告于 2015 年 9 月 25 日向被告提出出具办理工商登记所需住所证明的申请，同时还提交了集体土地建设用地使用证，空白、制式的住所证明等材料。被告北京市朝阳区黑庄户乡人民政府收到后认为申请材料不齐全，但予以受理并制作审批表。后被告的规划建设与环境保护办公室工作人员到河岸地点进行实地走访，于 2015 年 10 月 10 日在审批表中填写"宅基地内有 2 层建筑，不符合相关规定"，并由科室负责人签字。在原告的催问下，被告向原告出示审批表，并将原告提交的材料予以退还。原告不服提起诉讼。

原告诉称：2015 年 9 月初，原告欲与他人在自己拥有合法所有权的房屋办公司。原告在办理了前期工商登记网上预审、名称预核准并取得郎各庄村村委会的证明后，将相关证明交至被告经济发展办申请出具办理工商执照所需的企业住所地证明文件。此后，原告经多次催办才于 2015 年 10 月 28 日拿到"黑庄户乡工商办照、税务登记相关事项申报审批表"，该表记载"宅基地内有 2 层建筑，不符合相关规定"，依据是《黑庄户地区迁入或新办企业办理工商注册登记办法（试行）》（以下简称《黑庄户工商登记办法》）。原告认为被告的该处理不当，并且未履行职责。

被告辩称：被告不是工商营业执照的核发机关，而仅是配合工商部门开展工作。收到申请后 45 日内，被告的相关部门对房屋情况进行核实调查，填写了审批表。该审批表仅是被告调查过程中行政的内部流转材料，并非最终的证明。且该客观的描述并不属于行政诉讼的受案范围。因原告已将申请材料取回，故被告无法继续出具最终的证明材料。综上，请求法院依法驳回原告的诉讼请求。

诉讼请求：原告请求法院判决确认被告接受原告申请后不履行法定职责的行为违法。

法院裁判：北京市朝阳区人民法院判决确认被告北京市朝阳区黑庄户乡人民政府对原告周某华于 2015 年 9 月 25 日提出的出具住所证明材料申请未履行职责的行为违法。

二、法律问题

1. 本案被告是否具有作为义务？

2. 本案被告是否构成行政不作为?

三、法理分析

第一，本案被告具有作为义务，其作为义务来源于在制定《黑庄户工商登记办法》中自行设定的出具住所证明、审查申请材料、受理、调查核实、出具审批表、将查明情况客观记载于住所证明等行政职责。该《黑庄户工商登记办法》为被告制定的公开发布的规范性文件，文件中被告自行设定的行政职责虽然并非基于法律、法规和规章的规定，但具有行政性与外部性，被告不履行该行政职责，将对行政相对人的合法权益产生影响。作为向社会公众作出的行政承诺，被告亦应当受此约束，其履行受理申请并开展工作出具住所证明的行政行为亦应接受司法审查和监督。且本案被告在《黑庄户工商登记办法》中为自己设定的行政职责具有合法性，并未超越职权或与上位法产生抵触。本案主要涉及拟开办企业使用的经营场所是否为违章建筑等事项的核查，针对乡域范围内新开办的企业，在办理工商登记时涉及乡政府范围内的事项，确须向乡政府提出申请，由乡政府进行核查，出具意见。依据《城乡规划法》的规定，在乡、村规划区内，乡政府是未取得乡村建设规划许可或未按照乡村规划许可证建设行为的查处主体。

第二，在判断有作为义务的前提下，本案被告有履行该作为义务的现实可能性，但未履行的行为构成行政不作为。根据《行政诉讼法》第47条的规定，除特殊紧急情况外，行政机关依法应当在2个月内对公民、法人或者其他组织提出的申请履行职责，法律、法规对行政机关履行职责的期限另有规定的从其规定。[1] 按照被告自行制定的《黑庄户工商登记办法》的规定，黑庄户地区迁入或新办企业办理工商注册登记时应向乡政府提出申请，由乡政府对用于经营的房屋是否属于违法建设、是否存在其他安全隐患等事项进行审查后出具相应证明，确认相关情况。原告于2015年9月25日提出申请并提交有关材料，被告予以受理，此后被告派工作人员赴现场进行了调查，并将结果填写于审批表。后被告向原告出具了标注"不符合相关规定"的审批表并将原告的申请材料予以退还。被告虽在庭审中辩称其受理原告的申请后履

---

〔1〕《行政诉讼法》第47条。

责行为尚未完成，但综合分析其实施的上述行为，以及至今未对原告作出任何具有结论性意见性质的书面载体，亦未开展其他相关工作的情况，被告未在法定期限内履行相应义务，因此构成行政不作为，属于行政诉讼的受案范围。

四、参考意见

行政机关通过公开的规范性文件自行设定法律、法规和规章以外的行政职责，且该设定具有合法性，则该行政职责构成作为义务，行政机关在无特殊紧急情况下，不予履行该行政职责的行为构成行政不作为，属于行政诉讼的受案范围。

◈ 拓展案例

钟某诉北京市工商行政管理局通州分局行政不作为案[1]

一、基本案情

2013 年 12 月 27 日，北京市工商行政管理局通州分局（以下简称通州工商分局）接到钟某的申诉（举报）信，称其在通州家乐福购买的"北大荒富硒米"不符合《预包装食品营养标签通则》的规定，属于不符合食品安全标准的违法产品，要求通州工商分局责令通州家乐福退还其货款并进行赔偿，依法作出行政处罚。同年 12 月 30 日，通州工商分局作出答复，称依据该局调查，钟某反映的食品安全问题目前不属于其职能范围。钟某不服，以通州工商分局为被告提起行政诉讼，请求确认通州工商分局处理举报案件程序违法并责令其履行移送职责。北京市通州区人民法院一审认为，依据国务院食品安全办、国家工商总局、国家质检总局、国家食品药品监管总局的食安办 (2013) 13 号《关于进一步做好机构改革期间食品和化妆品监管工作的通知》和《北京市人民政府办公厅关于印发北京市食品药品监督管理局主要职责内设机构和人员编制规定的通知》等文件规定，目前北京市流通环节的食品安

---

〔1〕 北京市第三中级人民法院（2014）三中行终字第 1251 号。选自最高人民法院 2015 年发布的"人民法院关于行政不作为十大案例"。

全监管职责由北京市食品药品监督管理局承担，故被告通州工商分局已无职责对流通环节的食品安全进行监管，且其在接到原告钟某举报时应能够确定该案件的主管机关。2011 年《工商行政管理机关行政处罚程序规定》第 15 条规定，工商行政管理机关发现所查处的案件属于其他行政机关管辖的，应当依法移送其他有关机关。本案中当被告认为原告所举报事项不属其管辖时，应当移送至有关主管机关，故判决被告在 15 个工作日内就原告举报事项履行移送职责，驳回原告其他诉讼请求。通州工商分局不服，提出上诉，北京市第三中级人民法院二审以相同理由判决驳回上诉、维持原判。

二、法律问题

行政机关对不属于本机关职权范围内的事项应当移送至其他行政机关而未移送的行为是否构成行政不作为？

三、重点提示

行政机关对不属于本机关办理职责事项，如果有关规范性文件规定应移送有权机关办理的，应当及时移送。在行政管理领域，行政机关的职责既有分工也有交叉，法定职责来源既可能是本行政领域的法律、法规、规章和规范性文件，也可能是其他行政管理领域的法律规范。有关食品生产、流通环节的监督管理职责由工商部门改由食品药品监督管理部门承担，工商部门发现对于食品安全问题的举报事项属于其他行政机关管辖的，应当移送相关主管机关，积极移送也是一种法定职责，未移送的构成行政不作为。

📖 阅读资料

二维码 1－2

专题三　内部行政行为的可诉性判断

📚 知识概要

　　根据《行政诉讼法》第 13 条规定，行政机关对机关工作人员奖惩、任免决定不属于行政诉讼的受案范围。根据《公务员法》第 95 条规定，行政机关工作人员对涉及本人人事处理不服的，通过行政机关系统内的申诉机制寻求救济。行政机关对其工作人员进行的人事性质的管理行为属于内部行政行为。此外，适用于行政系统上下级之间上传下达的通知、批复、指示等行为也属于内部行政行为。

　　内部行政行为是否具有可诉性并不能一概而论。根据《2018 年司法解释》第 1 条第 2 款规定，"行政机关作出的不产生外部法律效力的行为"不属于行政诉讼的受案范围。因此，判断内部行政行为是否具有可诉性，其一，应当判断该内部行政行为是否产生外部法律效力，其二，要判断该行为是否对行政相对人等权利义务产生实际影响。

　　虽然上下级行政机关间的通知、批复、指示等行政行为，原则上属于内部行政行为，一般不属于法定的行政诉讼受案范围，但如果行政机关直接将该通知、批复或指示对外付诸实施，使其产生外部法律效力，并对行政相对人的权利义务产生实际影响，则该内部行政行为便具有可诉性，属于行政诉讼受案范围。行政批复是上级行政机关用于答复下级机关请示事项的一种公文形式。在实践中，行政主体做出的行政批复往往是以下级机关的请示为前提，行政批复通常是针对下级行政机关的请示而作出的内部指示或答复。其效力限于行政系统内部，并不直接对公民、法人或其他组织产生法律效力，即作出批复通常并不产生外部法律效力。通常具有外部法律效力的是基于批复行为作出的新的外部行政行为；但如果行政机关直接将行政批复行为付诸实施，使得批复行为对特定行政相对人的权利义务产生影响，则该批复行为具有可诉性。

📖 经典案例

王某宏诉宣城市人民政府房屋拆迁行政决定案[1]

一、基本案情

案件事实：2013 年 11 月 6 日，宣城市人民政府将王某宏位于宣城市宣州区澄江办事处庙埠村徐村组 68 号的房屋强制拆除。2013 年 12 月 17 日，王某宏得知宣城市人民政府针对王某宏唯一的农村住宅房屋作出了宣政秘〔2013〕190 号《宣城市人民政府关于对王某宏户违法建设实施强制拆除的决定》（以下简称《190 号决定》），其认为该《190 号决定》的具体行政行为没有事实依据与法律依据，严重侵犯了其合法权益，遂向法院提起行政诉讼，一、二审法院均认为宣城市人民政府作出《190 号决定》的行为实质属于上下级行政机关之间的内部行为，不属于人民法院行政诉讼受案范围，故裁定驳回起诉，后王某宏又向最高人民法院申请再审。

再审原告诉称：2013 年 11 月 6 日，宣城市人民政府在未给王某宏任何法律文书且未进行任何告知的情况下，严重侵犯了王某宏的合法权益。因《190 号决定》是宣城市人民政府实施的法律行为，对特定事项（王某宏的房屋）作出，对外产生了法律效力，影响了王某宏的权利和义务，符合具体行政行为的要素，具有可诉性。原审法院认为《190 号决定》是行政机关的内部管理行为，属于不可诉的具体行政行为的观点是错误的。《2000 年司法解释》第 19 条规定，当事人不服经上级行政机关批准的具体行政行为，向人民法院提起诉讼的，应当以在对外发生法律效力的文书上署名的机关为被告。宣城市城市管理行政执法局在对王某宏户作出强拆拆除决定前，向宣城市政府进行了请示，宣城市人民政府对请示作出了《190 号决定》，并且加盖了公章，所以宣城市人民政府是本案适格被告。原审法院认为王某宏的诉讼请求不属于行政诉讼的受案范围错误。

再审诉讼请求：依法撤销一、二审行政裁定；判令一审法院自行依法对

---

[1] 案号：最高人民法院（2016）最高法行申 275 号。载最高人民法院第三巡回法庭编著：《最高人民法院典型行政案件裁判观点与文书指导》，中国法制出版社 2018 年版，第 21 页。

本案进行实体审理，撤销作出《190 号决定》的具体行政行为。

法院裁判：最高人民法院认为再审申请不符合《行政诉讼法》第 91 条规定的再审条件，裁定驳回王某宏的再审申请。

二、法律问题

1. 本案中的《190 号决定》是否属于内部行政行为？
2. 本案中被申请人的行为是否属于行政诉讼受案范围？

三、法理分析

本案中，《190 号决定》系宣城市人民政府针对宣城市城市管理行政执法局就强制拆除王某宏违法建设的请示所作出的，未向王某宏送达，效力仅限于行政机关内部，并未产生外部法律效力，因此宣城市人民政府作出《190 号决定》的行为实质属于上下级行政机关之间的内部行为。

宣城市人民政府作出《190 号决定》的行为是否属于行政诉讼的受案范围是本案的焦点问题。本案中存在两个行政机关作出的两个行政行为：一是王某宏诉至法院的宣城市人民政府作出的《190 号决定》行为，二是宣城市城市管理行政执法局作出的《宣城管强拆字〔2013〕第 13024 号强制拆除决定》。《190 号决定》实则是宣城市人民政府针对宣城市城市管理执法局就强制拆除王某宏违法建设房屋的请示而作出的批复行为，且宣城市城市管理行政执法局收到宣城市人民政府决定后，于 2013 年 6 月 28 日作出了《宣城管强拆字〔2013〕第 13024 号强制拆除决定》，并据此强制拆除了王某宏的房屋，因此对外发生法律效力的应是《宣城管强拆字〔2013〕第 13024 号强制拆除决定》，而非《190 号决定》。根据《2018 年司法解释》第 1 条第 2 款第 5 项规定，行政机关作出的不产生外部法律效力的行政行为不属于行政诉讼的受案范围。本案中对行政相对人权益产生实际影响并对外发生法律效力的行为，应当是宣城市城市管理行政执法局以自己名义署名的《宣城管强拆字〔2013〕第 13024 号强制拆除决定》。

四、参考意见

内部行政行为并非都被排除在行政诉讼受案范围之外。当某内部行政行为产生外部法律效力，且对特定行政相对人的权利义务产生实际影响时，该行为便具有可诉性，属于行政诉讼受案范围。

拓展案例

魏某高、陈某志诉来安县人民政府收回土地使用权批复案[1]

一、基本案情

2010年8月31日，安徽省来安县国土资源和房产管理局向来安县人民政府报送《关于收回国有土地使用权的请示》，请求收回该县永阳东路与塔山中路部分地块土地使用权。9月6日，来安县人民政府作出《关于同意收回永阳东路与塔山中路部分地块国有土地使用权的批复》。来安县国土资源和房产管理局收到该批复后，没有依法制作并向原土地使用权人送达收回土地使用权决定书，而直接交由来安县土地储备中心付诸实施。魏某高、陈某志的房屋位于被收回使用权的土地范围内，其对来安县人民政府作出的收回国有土地使用权的批复不服，提起行政复议。2011年9月20日，滁州市人民政府作出《行政复议决定书》，维持来安县人民政府的批复。魏某高、陈某志仍不服，提起行政诉讼，请求人民法院撤销来安县人民政府上述批复。滁州市中级人民法院于2011年12月23日作出（2011）滁行初字第6号行政裁定：驳回魏某高、陈某志的起诉。魏某高、陈某志提出上诉，安徽省高级人民法院于2012年9月10日作出（2012）皖行终字第14号行政裁定：①撤销滁州市中级人民法院（2011）滁行初字第6号行政裁定；②指令滁州市中级人民法院继续审理本案。

二、法律问题

本案中的行政行为是否属于行政诉讼受案范围？

三、重点提示

地方人民政府对其所属行政管理部门的请示作出的批复，一般属于内

部行政行为，不可对此提起诉讼。但行政管理部门直接将该批复付诸实施并对行政相对人的权利义务产生了实际影响，行政相对人对该批复不服提起诉讼的，人民法院应当依法受理。本案中，来安县人民政府作出批复后，来安县国土资源行政主管部门没有制作并送达对外发生效力的法律文书，即直接交给来安县土地储备中心根据该批复实施拆迁补偿安置行为，对原土地使用权人的权利义务产生了实际影响；原土地使用权人通过申请政府信息公开知道了该批复的内容，并对批复提起了行政复议，复议机关作出复议决定时也告知了诉权，该批复已实际执行并外化为对外发生法律效力的具体行政行为。

📚 阅读资料

二维码 1 - 3

专题四　重复处理行为的可诉性判断

📚 知识概要

　　根据《2018 年司法解释》第 1 条第 2 款规定，"驳回当事人对行政行为提起申诉的重复处理行为"不属于人民法院行政诉讼的受案范围。行政重复处理行为是源于德国行政法上的"重复处置"概念，后被我国台湾地区引入。德国的"重复处置"是指对先前行政行为已确定的行政法律关系状态予以确定，并未产生新的法律效果之行为。重复处理行为是对前一行政行为的重复，并未改变原行为之理由、依据，属于单纯事实的叙述及理由说明，因此不构成行政行为，无司法救济之可能性与必要性。[1]我国普遍认为重复处理行为

---

　　〔1〕　陈新民：《行政法学总论》，三民书局 1997 年版，第 211～212 页。

是指行政机关所作出的没有改变原有行政法律关系、没有对当事人的权利义务产生新的影响的行为。

关于行政重复处理行为的可诉性问题，学界主流观点认为行政重复处理行为不属于行政诉讼的受案范围。一是因为行政重复处理行为未对行政相对人及其利害关系人产生新的法律效果，以不创设新的权利义务为特征进而不可能产生新的侵害结果，而行政救济是以行政相对人及其利害关系人的合法权益受侵害为判断标准；二是基于行政诉讼时效制度，对于行政主体的重复处理行为不给予行政相对人及其利害关系人新的行政救济机会，是因为不遵守救济时限的人都可通过最简单的方式申请产生重复处理行为并进而再次寻求行政救济，就使时限制度虚设；[1]三是由于如果允许行政主体对已经过行政诉讼的行政行为再重复处理，并且允许行政相对人对这种重复处理的行为再申请复议，那人民法院的行政判决就会失去权威性，司法解决行政争议的终局作用就会丧失。

📚 经典案例

王某峰诉国家发展和改革委员会案[2]

一、基本案情

案件事实：2015 年 5 月 4 日，国家发展和改革委员会（本案例中简称国家发改委）收到王某峰提交的行政复议申请书，王某峰针对国家发改委于 2008 年 8 月 19 日作出的《关于黑龙江省大庆（黄牛场）至齐齐哈尔（宛屯）公路可行性研究报告的批复》（发改交运〔2008〕2192 号，以下简称第 2192 号批复）向国家发改委申请行政复议，该申请书载明的申请人是王某峰，被申请人是国家发改委，申请事项是"撤销国家发改委《关于黑龙江省大庆（黄牛场）至齐齐哈尔（宛屯）公路可行性研究报告的批复》（发改交运〔2008〕2192 号）"，另载明了事实与理由。国家发改委经审查后，于 2015 年

---

〔1〕 黄学贤、廖振权："行政重复处理行为探究"，载《行政法学研究》2008 年第 4 期。
〔2〕 案号：（2017）最高法行申 2727 号。选自中华人民共和国最高人民法院行政审判庭编：《行政执法与行政审判》（总第 70 集），中国法制出版社 2018 年版，第 125 页。

5月7日作出发改复不受字（2015）72号不予受理行政复议申请决定书（以下简称第72号决定），以王某峰所提行政复议申请超过法定期限为由，决定不予受理。2016年3月29日，国家发改委收到王某峰提交的行政复议申请书，该申请书载明的申请人是王某峰，被申请人是国家发改委，申请事项是"请求被申请人依法撤销国家发展和改革委员会2008年8月19日作出的《关于黑龙江省大庆（黄牛场）至齐齐哈尔（宛屯）公路可行性研究报告的批复》（发改交运〔2008〕2192号）"，另载明了事实与理由。国家发改委经审查后，于2016年4月1日作出被诉决定，同年4月5日邮寄，王某峰于同年4月8日收到被诉决定后，遂提起本案诉讼。本案一、二审法院均认为：王某峰于2015年5月针对第2192号批复提出了行政复议申请，请求撤销第2192号批复，国家发改委针对该申请作出了第72号决定。2016年3月，王某峰针对第2192号批复再次向国家发改委提出行政复议申请，请求撤销第2192号批复，国家发改委对该申请作出的被诉决定属于驳回当事人对行政行为提起申诉的重复处理行为。根据《2000年司法解释》第1条第2款第5项之规定，公民、法人或者其他组织对驳回当事人对行政行为提起申诉的重复处理行为不服提起诉讼的，不属于行政诉讼的受案范围。一审法院裁定：驳回王某峰的起诉。二审法院裁定：驳回上诉，维持一审裁定。王某峰向最高人民法院申请再审。

再审原告诉称：第72号决定和被诉决定是两个不同的行政行为，不属于"重复处理行为"，属于人民法院行政诉讼的受案范围。

再审诉讼请求：撤销一、二审裁定，撤销被诉决定，责令国家发改委重新作出的行政作为。

法院裁判：驳回王某峰的再审申请。

二、法律问题

1. 本案是否属于驳回当事人对行政行为提起申诉的重复处理行为？
2. 本案是否属于行政诉讼受案范围？

三、法理分析

本案争议的焦点在于被诉决定是否属于重复处理行为。所谓重复处理行为，是指行政行为没有创设新的权利义务关系，仅为实现或加强既存之权利义务关系。由于没有创设新的权利义务关系，因而重复处理行为不属于行政诉讼的受案范围。本案中，根据一审法院查明的事实，王某峰于 2015 年 5 月针对第 2192 号批复提出了行政复议申请，请求撤销第 2192 号批复，国家发改委针对该申请，以王某峰提交行政复议申请书超过《行政复议法》规定的法定期限为由，作出了第 72 号决定，决定不予受理王某峰的复议申请。2016 年 3 月，王某峰针对第 2192 号批复再次向国家发改委提出行政复议申请，请求撤销第 2192 号批复。国家发改委对该申请，以与第 72 号决定相关的事实和理由，作出的被诉决定，并没有针对当事人设定新的权利义务，属于重复处理行为。《2000 年司法解释》第 1 条第 2 款第 5 项之规定，公民、法人或者其他组织对驳回当事人对行政行为提起申诉的重复处理行为不服提起诉讼的，不属于行政诉讼的受案范围。

四、参考意见

对原具体行政行为已过复议、诉讼期间，相对人不服提出申诉，行政机关予以拒绝且行政机关的驳回申诉行为在认定事实、适用法律等方面与原行政行为一致的，属于驳回当事人对行政行为提起申诉的重复处理行为，依据《2000 年司法解释》，此类行为不属于行政诉讼受案范围。

📚 **拓展案例**

杨某全诉山东省人民政府行政复议案[1]

一、基本案情

杨某全不服山东省青岛市市南区法律援助中心作出的不予法律援助决定，向青岛市市南区司法局提出异议。该局作出答复意见，认为该不予法律援助决定内容适当。杨某全对该答复意见不服，向青岛市司法局申请行政复议。该局于 2013 年 10 月 23 日告知其所提复议申请已超过法定申请期限。杨某全

---

〔1〕 案号：(2017)鲁行终 518 号。选自最高人民法院 2017 年发布的"最高人民法院行政审判十大典型案例"。

不服，向青岛市人民政府申请行政复议。青岛市人民政府于 2013 年 10 月 30
日告知其所提行政复议申请不符合行政复议受案条件。杨某全不服，向山东
省人民政府申请行政复议。山东省人民政府于 2013 年 11 月 18 日对其作出不
予受理行政复议申请决定。杨某全不服，提起行政诉讼，请求撤销该不予受
理决定，判令山东省人民政府赔偿损失。山东省济南市中级人民法院一审判
决驳回杨某全的诉讼请求。山东省高级人民法院二审判决驳回上诉，维持一
审判决。杨某全向最高人民法院申请再审，最高人民法院裁定予以驳回。

二、法律问题

1. 本案是否属于针对重复处理行为提起的诉讼？
2. 是否具有可诉性？

三、重点提示

申请行政复议和提起行政诉讼是法律赋予公民、法人或者其他组织的权
利，其可以在申请行政复议之后再行提起行政诉讼。但杨某全在提起行政诉
讼之前，针对同一事由连续申请了三级行政复议，明显且一再违反一级行政
复议制度。对于明显违反复议制度的复议申请，行政复议机关不予受理后，
申请人对此不服提起行政诉讼的，人民法院可以不予立案，或者在立案之后
裁定驳回起诉。鉴于本案已经实际走完诉讼程序，原审法院经实体审理后亦
未支持杨某全的诉讼请求，故无必要通过审判监督程序提起再审后再行裁定
驳回起诉。当事人申请行政复议和提起行政诉讼应当具有利用复议制度和诉
讼制度解决行政争议的正当性。行政诉讼是解决行政争议，保护公民、法人
和其他组织合法权益，监督行政机关依法行使职权的法律救济途径。人民法
院既要充分保障当事人正当诉权的行使，又要引导、规范当事人行使诉权。
人民法院有义务识别、判断当事人的请求是否具有足以利用行政复议制度和
行政诉讼制度加以解决的必要性，避免因缺乏诉的利益而不当行使诉权的情
形发生，坚决抵制滥用诉权的行为。对于明显违背行政复议制度、明显具有
任性恣意色彩的反复申请，即使行政复议机关予以拒绝，当事人不服提起诉
讼的，人民法院也可以不予立案，或者在立案之后裁定驳回起诉。

◉ **阅读资料**

二维码 1 - 4

专题五 过程性行政行为的可诉性判断

◉ **知识概要**

根据《2018 年司法解释》第 1 条规定，"行政机关为作出行政行为而实施的准备、论证、研究、层报、咨询等过程性行为"，不属于行政诉讼的受案范围。

目前，对于过程性行政行为的概念并没有通说，与之相接近的概念很多，如"程序性行政行为""阶段性行政行为""行政程序中间行为"等，《2018 年司法解释》中明确将这种类型的行政行为界定为过程性行为。有学者认为过程性行政行为是指"当行政主体对某一事件尚未最终处理完毕时所实施的各种行政行为"[1]，该观点认为过程性行政行为属于最终行政行为的组成部分。过程性行政行为应当具有以下的特点：一是过程性行政行为是行政主体行使行政职权、履行行政职责并产生法律效果的行政行为；二是过程性行政行为属于行政行为过程中的某个阶段或者步骤，即该行政行为尚未完全终结。判断行为是否终结可以从形式与内容两个层面入手，比如要式行政行为是否已经完成生效的法律文书，行政行为是否已经满足行为的构成要件等。因此，过程性行政行为是为最终行政行为而进行的准备性的行为，并不直接改变相对人的权利义务关系，但可能会因为其行为的实施，在结果上影响到相对人的权利义务。

---

[1] 熊文钊：《现代行政法原理》，法律出版社 2000 年版，第 252 页。

过程性行政行为并不是均不可诉,部分过程性行政行为具有可诉性,应当被纳入行政诉讼的受案范围。一是当过程性行政行为因行政行为无法继续而变成终局性行政行为时,该过程性行政行为便具有可诉性。如《审理行政许可案件解释》第3条规定:"公民、法人或者其他组织仅就行政许可过程中的告知补正申请材料、听证等通知行为提起行政诉讼的,人民法院不予受理,但导致许可程序对上述主体事实上终止的除外。"这种情况下,行政许可中的过程性行为已转化为最终的行政行为。二是该过程性行政行为产生了外部法律效力,并对行政相对人权利义务产生实际影响,且无法通过提起针对相关最终行政行为的诉讼获得救济。可以在最终的行政行为中以"程序违法"来获得救济,则不需要在过程中进行司法审查。根据司法解释的规定,为作出行政行为而实施的准备、论证、研究、层报、咨询等行为不属于行政诉讼的受案范围,因为准备、论证、研究、层报、咨询行为通常不会发生外部法律效力,对于相对人权利义务也没有实质影响,因此不具有可诉性。

经典案例

沈某华诉江苏省公安厅行政撤销及履行法定职责案[1]

一、基本案情

案件事实:沈某华因不服无锡市公安局延长办案期限行为,向江苏省公安厅申请行政复议,2016年9月29日,江苏省公安厅作出《行政复议申请不予受理决定书》。该决定书称:延长办理期限审批属于公安机关办理行政处罚案件过程中的一个程序,行政处罚案件已经经过行政复议和行政诉讼,人民法院在诉讼过程中,对该案的实体和程序进行了全面审查并依法作出了判决。因此,根据《行政复议法实施条例》第28条第7项之规定,该行政复议申请不属于行政复议受理范围,决定不予受理。沈某华不服行政复议处理决定,以无锡市公安局新吴分局、无锡市人民政府为被告提起诉讼,请求撤销无锡

---

[1] 案号:(2017)最高法行申4409号。载最高人民法院第三巡回法庭编著:《最高人民法院典型行政案件裁判观点与文书指导》,中国法制出版社2018年版,第36页。

市公安局新吴分局作出的行政处罚决定书及无锡市人民政府作出的行政复议决定书。一审法院认为，《行政复议法》第16条第2款规定，公民、法人或者其他组织向人民法院提起行政诉讼，人民法院已经依法受理的，不得申请行政复议。本案沈某华已就所诉事项提起行政复议及行政诉讼，因此，沈某华再次以同一事由向江苏省公安厅提起行政复议申请，江苏省公安厅作出《行政复议申请不予受理决定书》并无不当。所以裁定对沈某华的起诉，不予立案。沈某华提起上诉，二审法院认为，对"公民、法人或者其他组织的权利义务不产生实际影响的行为"不服提起行政诉讼的，不属于人民法院行政案件受案范围。本案中，江苏省公安厅以延长办案期限是行政处罚案件中的程序，且因相关行政处罚案件已经人民法院审理为由，做出不予受理的复议决定书，该复议决定书的内容对沈某华的权利义务不产生实际影响，不属于人民法院行政诉讼的受案范围，故裁定驳回上诉，维持一审裁定。沈某华不服，向最高人民法院申请再审。

再审原告诉称：再审原告在起诉无锡市公安局新吴分局、无锡市人民政府治安行政处罚一案庭审中，无锡市公安局新吴分局出示《呈请延长办理期限报告书》，无锡市公安局负责领导审核批示同意延长办案期限60日，明显违反法律规定。本案所诉行政行为与处罚决定指向行政行为并不相同，承担责任就不相同，一、二审法院没有依法立案审查错误。

再审诉讼请求：请求最高人民法院撤销一、二审裁定，依法发回重审。

法院裁判：驳回沈某华的再审申请。

二、法律问题

本案中的过程性行政行为是否属于行政诉讼的受案范围？

三、法理分析

根据《行政复议法》第2条规定，公民、法人或者其他组织认为具体行政行为侵犯其合法权益，向行政机关提出行政复议申请，行政机关受理行政复议申请、作出行政复议决定，适用本法。一般而言，可申请行政复议的行政行为，应当是行政主体直接设定行政相对人权利义务或者对相对人权利义务直接产生影响、对外发生法律效果的行为，也即行政管理活动的最终行政决定。一般不包括行政主体在作出最终行政决定过程中针对程序性事项所作的决定和处理。此类针对程序性事项所作的行为以及过程性行为虽然具有一定法律意义，也会间接影响相对人权利义务，但它的法律效果被最终的行政决定所吸收，除非过程性行为具有独立的价值且对当事人权利义务产生重大影响。对过程性行为合法性的评价，可以在对最终的行政决定合法性评价中一并进行，过程性、程序性行为存在违法情形的，可能会导致最终的行政决定被认定为违法。依据《行政复议法》第 28 条、《行政诉讼法》第 69 条、第 70 条、第 74 条的规定，行政行为是否符合法定程序是行政复议机关和人民法院审查行政行为合法性的重要方面：行政行为违反法定程序的，行政复议机关和人民法院有权予以撤销并可责令重作；行政行为程序轻微违法，但对当事人权利不产生实际影响的，人民法院可以判决确认违法而不撤销行政行为。因此，行政主体在行政程序中所作的程序性行为以及过程性行为的合法性问题，可以在对最终的行政决定的合法性审查中予以解决。对于是在最终行政决定作出后，甚至行政相对人已对最终的行政行为申请复议或提起诉讼的情况下，当事人再对过程性行为、程序性行为单独提起行政诉讼，显然已不再具有诉的利益，不再具备诉讼的必要性和实效性。因此，行政主体程序性行为、过程性行为，通常不能单独申请行政复议或提起诉讼，除非该程序性行为具有事实上的最终性，并影响公民、法人或者其他组织的合法权益。

本案中，沈某华认为无锡市公安局批准延长办案期限行为违法，向江苏省公安厅申请行政复议。无锡市公安局批准延长办案期限，属于办理治安行政处罚案件中的程序性行为，不直接对沈某华增加义务或减损权利，即使存在超过办案期限的问题，也只能在针对行政处罚所提起的案件中进行审查，而不能单独就行政处罚案件办案期限问题申请行政复议。事实上，沈某华已就无锡市公安局新吴分局作出的新公（旺）行罚决字〔2015〕753 号行政处罚决定向人民法院提起行政诉讼，人民法院在该案中对延长办案期限问题进行了审查并作出评价。沈某华又单独就延长办案期限问题向江苏省公安厅申请行政复议，江苏省公安厅根据《行政复议法》第 16 条第 2 款有关公民、法人或者其他组织向人民法院提起行政诉讼，人民法院已经依法受理的，不得申请行政复议的规定，决定不予受理，符合法律规定。

四、参考意见

过程性行政行为以不可诉为原则,以可诉为例外。本案中的公安机关延长办案期限的行为因为不具有终局性,并未对行政相对人权利义务产生直接影响,且已针对最终行政行为向法院提起诉讼以获得救济,因此不具有可诉性,不属于行政诉讼的受案范围。

◇ 拓展案例

王某德诉乐山市人力资源和社会保障局工伤认定案[1]

一、基本案情

原告王某德系王某兵之父。王某兵是四川嘉宝资产管理集团有限公司峨眉山分公司职工。2013年3月18日,王某兵因交通事故死亡。由于王某兵驾驶摩托车倒地翻覆的原因无法查实,四川省峨眉山市公安局交警大队于同年4月1日依据《道路交通事故处理程序规定》(2008)第50条的规定,作出乐公交认定〔2013〕第00035号《道路交通事故证明》。该《道路交通事故证明》载明:2013年3月18日,王某兵驾驶无牌"卡迪王"二轮摩托车由峨眉山市大转盘至小转盘方向行驶。下午1时20分许,当该车行至省道S306线29.3km处,驶入道路右侧与隔离带边缘相擦挂,翻覆于隔离带内,造成车辆受损、王某兵当场死亡的交通事故。2013年4月10日,第三人四川嘉宝资产管理集团有限公司峨眉山分公司就其职工王某兵因交通事故死亡,向被告乐山市人力资源和社会保障局申请工伤认定,并同时提交了峨眉山市公安局交警大队所作的《道路交通事故证明》等证据。被告以公安机关交通管理部门尚未对本案事故作出交通事故认定书为由,于当日作出乐人社工时〔2013〕05号(峨眉山市)《工伤认定时限中止通知书》(以下简称《中止通知》),并向原告和第三人送达。2013年6月24日,原告通过国内特快专递邮件方式,向被告提交了《恢复工伤认定申请书》,要求被告恢复对王某兵的工伤认定。因被告未恢复对王某兵工伤认定程序,原告遂于同年7月30日向法院提

---

[1] 参见最高人民法院指导案例69号。

起行政诉讼，请求判决撤销被告作出的《中止通知》。四川省乐山市市中区人民法院于 2013 年 9 月 25 日作出（2013）乐中行初字第 36 号判决，撤销被告乐山市人力资源和社会保障局于 2013 年 4 月 10 日作出的乐人社工时〔2013〕05 号《中止通知》。一审宣判后，乐山市人力资源和社会保障局提起了上诉。乐山市中级人民法院二审审理过程中，乐山市人力资源和社会保障局递交撤回上诉申请书。乐山市中级人民法院经审查认为，被告自愿申请撤回上诉，属其真实意思表示，符合法律规定，遂裁定准许乐山市人力资源和社会保障局撤回上诉。

二、法律问题

1. 《中止通知》是否具有可诉性？
2. 《中止通知》是否应当予以撤销？

三、重点提示

第一，被告作出《中止通知》，属于工伤认定程序中的过程性行政行为，该程序性行政行为具有终局性，对相对人权利义务产生实质影响，具有可诉性，属于人民法院行政诉讼受案范围。虽然根据《中华人民共和国道路交通安全法》第 73 条的规定："公安机关交通管理部门应当根据交通事故现场勘验、检查、调查情况和有关的检验、鉴定结论，及时制作交通事故认定书，作为处理交通事故的证据。交通事故认定书应当载明交通事故的基本事实、成因和当事人的责任，并送达当事人"。但是，在现实道路交通事故中，也存在因道路交通事故成因确实无法查清，公安机关交通管理部门不能作出交通事故认定书的情况。对此，《道路交通事故处理程序规定》第 67 条规定："道路交通事故基本事实无法查清、成因无法判定的，公安机关交通管理部门应当出具道路交通事故证明，载明道路交通事故发生的时间、地点、当事人情况及调查得到的事实，分别送达当事人，并告知申请复核、调解和提起民事诉讼的权利、期限。"就本案而言，峨眉山市公安局交警大队就王某兵因交通事故死亡，依据所调查的事故情况，只能依法作出《道路交通事故证明》，而无法作出《交通事故认定书》。因此，本案中《道路交通事故证明》已经是公安机关交通管理部门依据《道路交通事故处理程序规定》就事故作出的结论，也就是《工伤保险条例》第 20 条第 3 款中规定的工伤认定决定需要的"司法机关或者有关行政主管部门的结论"。除非出现新事实或者法定理由，否则公安机关交通管理部门不会就本案涉及的交通事故作出其他结论。而本案被告在第三人申请认定工伤时已经提交了相关《道路交通事故证明》的情况下，仍然作出《中止通知》，并且一直到原告起诉之日，被告仍以工伤认定处于中止中为由，拒绝恢复对王某兵死亡是否属于工伤的认定程序。由此可见，虽然被告作出《中止通知》是工伤认定中的一种程序性行为，但该行为将导致原告的合法权益长期，乃至永久得不到依法救济，直接影响了原告的合法权益，对其权利义务产生实质影响，并且原告也无法通过对相关实体性行政行为提起诉讼以获得救济。因此，被告作出《中止通知》，属于可诉行政行为，人民法院应当依法受理。

第二，关于《中止通知》应否予以撤销问题。法院认为，《工伤保险条例》第 20 条第 3 款规定，"作出工伤认定决定需要以司法机关或者有关行政主管部门的结论为依据的，在司法机关或者有关行政主管部门尚未作出结论期间，作出工伤认定决定的时限中止"。如前所述，第三人在向被告就王某兵死亡申请工伤认定时已经提交了《道路交通事故证明》。也就是说，第三人申请工伤认定时，并不存在《工伤保险条例》第 20 条第 3 款所规定的依法可以作出中止决定的情形。因此，被告依据《工伤保险条例》第 20 条规定，作出《中止通知》属于适用法律、法规错误，应当予以撤销。另外，需要指出的是，在人民法院撤销被告作出的《中止通知》判决生效后，被告对涉案职工认定工伤的程序即应予以恢复。

📚 阅读资料

二维码 1-5

| 第二章 |

诉讼参加人

行政诉讼参加人，是指依法参加行政诉讼活动，享有诉讼权利，承担诉讼义务，并与诉讼争议或诉讼结果有利害关系的人。依据我国《行政诉讼法》的规定，行政诉讼参加人具体包括当事人、共同诉讼人、第三人和诉讼代理人。为准确地理解行政诉讼参加人的含义，应注意对以下几个概念进行区分。

行政诉讼参与人，是指在行政诉讼中除审判人员、书记员、执行人员以外的享有一定诉讼权利并承担相应诉讼义务的人。行政诉讼参与人的范围更为广泛，不仅包括行政诉讼参加人，还包括证人、勘验人、鉴定人和翻译人员等。

行政诉讼当事人，是指因对行政行为发生争议，以自己名义起诉、应诉或者参加诉讼，并受人民法院裁判约束的公民、法人、其他组织和行政机关。行政诉讼当事人有广义和狭义之分。广义的当事人包括原告、被告、共同诉讼人和第三人，狭义的当事人仅指原告和被告。

行政诉讼主体，是指在行政诉讼中享有诉讼权利和承担诉讼义务，有权进行使行政诉讼程序发生、变更或消灭的诉讼行为的个人或者组织。行政诉讼主体包括行政诉讼诉讼参与人和人民法院。

上述四个概念的范围由小到大依次如下：行政诉讼当事人、行政诉讼参加人、行政诉讼参与人、行政诉讼主体。在行政诉讼法学中，主要研究行政诉讼当事人制度，一般使用广义上的行政诉讼当事人概念。可以从以下三个方面把握行政诉讼当事人：其一，以自己的名义进行诉讼。凡是不能以自己名义参加行政诉讼活动的，都不属于行政诉讼的当事人，如诉讼代理人。其二，与行政案件有直接或间接的利害关系。当事人一般是发生争议的行政法律关系主体，与行政行为有着直接或者间接的利害关系，或是作出行政行为的主体，或是行政行为的对象，或是受到行政行为结果的影响。其三，受人民法院裁判拘束。当事人直接受到裁判效力的拘束，对当事人以外的其他诉讼参与人，人民法院的裁判不发生拘束力。

诉讼参加人制度是开展诉讼活动的基础，良好的行政诉讼参加人制度有助于充分发挥行政诉讼的功能，促进行政诉讼的新常态发展。在《行政诉讼法》（2014）修订中，行政诉讼参加人相关规定做出了较大修改。其中几处主要亮点在于：一是进一步明确原告资格标准，在吸收《2000 年司法解释》的基础上，从法律上确立了原告资格的"利害关系"标准；二是修改关于适格被告的规定，包括复议机关维持原行政行为的，将原行政机关与复议机关列为共同被告，新增复议机关不作为情况下被告的确定，增加行政机关职权变更情形下被告的确定；三是丰富和发展了第三人的外延，同被诉行政行为有利害关系或同案件处理结果有利害关系的，均可取得第三人地位，还赋予了第三人独立的上诉权。

本章拟针对《行政诉讼法》（2014）在诉讼参加人方面的修改亮点，选取司法实践中具有典型意义的行政诉讼案例，紧密结合《行政诉讼法》及相关的司法解释，通过以案释法的方式，研究和探讨我国的行政诉讼参加人制度。

专题一　原告资格条件

📖 知识概要

行政诉讼中的原告资格，是指公民、法人或者其他组织能够以自己的名义提起行政诉讼所需要满足的法定条件。我国《行政诉讼法》关于原告资格的规定有三条。《行政诉讼法》第 2 条第 1 款规定："公民、法人或者其他组织认为行政机关和行政机关工作人员的行政行为侵犯其合法权益，有权依照本法向人民法院提起诉讼。"第 25 条第 1 款规定："行政行为的相对人以及其他与行政行为有利害关系的公民、法人或者其他组织，有权提起诉讼。"第 49 条第 1 款规定："原告是符合本法第 25 条规定的公民、法人或者其他组织。"

法律规定原告起诉资格的目的是防止滥诉、节约司法资源，避免司法权过度侵越行政权，保证行政机关依法行使职权。

在《行政诉讼法》（2014）修订前，对原告资格的规定仅为：原告是认为具体行政行为侵犯其合法权益的公民、法人或组织。这一规定存在原告范围过窄，仅限于自身权益受到具体行政行为侵害的公民、法人或其他组织；对原告资格的评判标准属于纯粹主观标准，缺乏客观标准，不具有可操作性等问题。审判实践中对原告资格的标准认识模糊，给行政诉讼和行政审判带来了一定程度的混乱，再加上行政诉讼开展之初行政审判环境的不理想，形成了过度限制原告资格的普遍倾向，使得原告资格标准陷于"直接相对人论"，大大削弱了行政诉讼保护公民合法权益的目的和功能，阻碍了行政诉讼制度的发展。[1]针对这种情况，《2000年司法解释》第12条规定以"有法律上利害关系"标准判断原告资格，由此，将《行政诉讼法》（1989）中的主观标准"认为权益受到侵害"发展为客观标准"有利害关系"，也将原告资格从"相对人资格论"发展为"法律上利害关系论"。在《行政诉讼法》（2014）的修改中，也针对上述对原告的规定存在的缺陷，明确了"与行政行为有利害关系"这一客观标准，完善了原告资格认定的实质标准。

综合来看，《行政诉讼法》（2014）对于原告资格的认定，设立了主观标准和客观标准。

对原告资格认定的主观标准应做如下理解：其一，必须是认为自己的权益受到侵害，起诉人不能以国家利益、社会公共利益或者他人合法权益受到损害为由提起行政诉讼；其二，必须是合法权益受到侵害，该"合法权益"包括人身权、财产权等在行政诉讼受案范围内的法定权利和利益，"侵害"可以实际发生，也可以是将必然发生。

对原告资格认定的客观标准应做如下理解："与行政行为有利害关系"是指行政机关的行政行为对公民、法人或者其他组织的合法权益可能产生法律上的实际影响。这种利害关系，包括不利的关系和有利的关系，但必须是一种已经或者必将形成的关系。行政诉讼的原告包括两种情况：一是行政行为

---

[1] 江必新主编：《中华人民共和国行政诉讼法及司法解释条文理解与适用》，人民法院出版社2014年版，第151页。

的相对人，二是行政行为的利害关系人。行政相对人，是指行政主体在行使职权或履行行政职责作出行政行为时所直接针对的公民、法人或其他组织。行政相对人往往是行政行为所设定的权利或义务的直接承受者，对行政相对人作原告的判断一般是比较明显的。利害关系人是指与行政行为有利害关系的公民、法人或组织，这是《行政诉讼法》（2014）对《2000 年司法解释》规定的吸收，再结合《2000 年司法解释》第 1 条将可诉行为界定为"对相对人权利义务产生实际影响的行为"理解，"与行政行为有利害关系"应是行政机关的行政行为对公民、法人或者其他组织的合法权益可能产生法律上的实际影响。虽然可以将原告区分为以上两种情况，但事实上适用了一个相同的标准，这就是"利害关系"。对是否存在"利害关系"的认定，具体要考虑以下三个要素：是否存在一项权利；该权利是否属于原告的主观权利；该权利是否可能受到了被诉行政行为的侵害。

对"利害关系"的理解还应注意以下两点：其一，《2000 年司法解释》在规定原告资格时用的是"法律上的利害关系"，《行政诉讼法》（2014）使用的是"利害关系"，但综合考虑行政诉讼法的基本功能，二者并无本质区别。其二，由于行政行为的内涵和外延的变化，"利害关系"不再解释为权利义务的增减、得失，只要行政行为对公民、法人后者其他组织的权力义务产生实际影响，原则上就具有原告资格。

📖 经典案例

罗某荣诉吉安市物价局物价行政处理案[1]

一、基本案情

案件事实：2012 年 5 月 28 日，罗某荣向被告吉安市物价局邮寄一份申诉举报函，对吉安电信公司向原告收取首次办理手机卡卡费 20 元进行举报，要求被告责令吉安电信公司退还非法收取原告的手机卡卡费 20 元，依法查处并没收所有电信用户首次办理手机卡被收取的卡费，依法奖励和书面答复相关处理结果。吉安市物价局收到该申诉举报函后，作出《关于对罗某荣 2012 年

---

〔1〕　案号：（2012）吉行初字第 13 号。选自最高人民法院指导案例 77 号。

5 月 28 日〈申诉书〉办理情况的答复》，并向原告邮寄送达。答复内容为："2012 年 5 月 31 日我局收到您反映吉安电信公司新办手机卡用户收取 20 元手机卡卡费的申诉书后，我局非常重视，及时进行调查，经调查核实：江西省通管局和江西省发改委联合下发的《关于江西电信全业务套餐资费优化方案的批复》（赣通局〔2012〕14 号）规定：UIM 卡收费上限标准：入网 50 元/张，补卡、换卡：30 元/张。我局非常感谢您对物价工作的支持和帮助"。

原告诉称：2012 年 5 月 20 日，其在吉安市吉州区井冈山大道电信营业厅办理手机号码时，吉安电信公司收取了原告 20 元卡费并出具了发票。原告认为吉安电信公司收取原告首次办理手机号码的卡费，违反了《集成电路卡应用和收费管理办法》中不得向用户单独收费的禁止性规定，故向被告吉安市物价局申诉举报，并提出了要求被告履行法定职责进行查处和作出书面答复等诉求。被告虽然出具了书面答复，但答复函中只写明被告调查时发现一个文件及该文件的部分内容。答复函中并没有对原告申诉举报信中的请求事项作出处理，被告的行为违反了《价格法》《价格违法行为举报规定》等相关法律规定。

被告辩称：原告的起诉不符合《行政诉讼法》的有关规定。行政诉讼是指公民、法人、其他组织对于行政机关的具体行政行为不服提起的诉讼。本案中被告于 2012 年 7 月 3 日对原告做出的答复不是一种具体行政行为，不具有可诉性。被告对原告的答复符合《价格违法行为举报规定》的程序要求，答复内容也是告知原告，被告经过调查后查证的情况。请求法院依法驳回原告的诉讼请求。

诉讼请求：请求法院确认被告在处理原告申诉举报事项中的行为违法，依法撤销被告的答复，判令被告依法查处原告申诉举报信所涉及的违法行为。

法院裁判：江西省吉安市吉州区人民法院判决，撤销吉安市物价局《关于对罗某荣 2012 年 5 月 28 日〈申诉书〉办理情况的答复》，限其在 15 日内重新作出书面答复。

二、法律问题

1. 吉安市物价局的举报答复行为是否属于受案范围？

2. 举报人罗某荣是否具有原告资格？

3. 吉安市物价局对被举报事项的处理是否违法？

三、法理分析

关于本案中吉安市物价局的举报答复行为是否属于受案范围的问题。行政诉讼受案范围主要解决何种行为可以接受司法审查的问题。我国《行政诉讼法》对受案范围的确定方式是混合式的，即概括与列举相结合的规定方式。《行政诉讼法》第 2 条以概括的方式确立了人民法院可以受理的行政案件的基本范围，即"公民、法人或者其他组织认为行政机关和行政机关工作人员的行政行为侵犯其合法权益，有权依照本法向人民法院提起诉讼"。第 12 条以肯定列举的方式列出了属于受案范围的 12 种情形，并在第 2 款中以"人民法院受理法律、法规规定可以提起诉讼的其他行政案件"作出兜底规定。第 13 条以否定列举的方式规定了不属于受案范围的 4 种情形。《2000 年司法解释》第 1 条和第 2 条也分别对受案范围的排除进一步作出具体解释。本案中，吉安市物价局依法应对罗某荣举报的吉安市电信公司收取卡费行为是否违法进行调查认定，并告知调查结果，但其作出的举报答复将《关于江西电信全业务套餐资费优化方案的批复》（以下简称《对方案的批复》）中规定的 UIM 卡收费上限标准进行了罗列，未载明对举报事项的处理结果。此种以告知《对方案的批复》有关内容代替告知举报调查结果行为，未能依法履行保护举报人财产权的法定职责，本身就是对罗某荣通过正当举报途径寻求救济的权利的一种侵犯，不属于《2000 年司法解释》第 1 条第 2 款第 6 项规定的"对公民、法人或者其他组织权利义务不产生实际影响的行为"的范围，具有可诉性，属于人民法院行政诉讼的受案范围。

关于举报人罗某荣是否具有原告资格的问题。根据《行政诉讼法》第 2 条、第 25 条和第 49 条的规定，行政诉讼的原告必须是认为行政机关和行政机关工作人员的行政行为侵犯其合法权益并与行政行为有利害关系的公民、法人或者其他组织。即满足"侵害合法权益"的主观标准和"与行政行为有利害关系"的客观标准。将当事人是否具有法律保护的权益，作为判断当事人是否具有原告主体资格的重要标准，与行政行为合法性审查原则相互契合。如果原告诉请保护的权益，并不是行政机关作出行政行为时需要考虑和保护的法律上的权益，即使法院认可其原告主体资格，但在对行政行为合法性进行实体审查时，仍然不会将行政机关未考虑原告诉请保护权益之情形，作为认定行政行为违法的标准。行政诉讼原告资格认定中的"利害关系"一般仅指法律上利害关系，"利害关系"不仅仅是指权利义务的增减、得失，只要行政行为对公民、法人或者其他组织的权力义务产生实际影响，原则上就具有原告资格。

本案中，判断举报人是否具有行政诉讼原告资格的关键在于，举报人与举报处理行为是否具有法律上的利害关系，也就是行政机关的举报处理行为对举报人的合法权益是否可能产生法律上的实际影响。本案中，罗某荣向吉安市物价局申诉举报电信公司收取首次办理手机号码的卡费，违反了《集成电路卡应用和收费管理办法》中不得向用户单独收费的禁止性规定，并提出要求被告履行法定职责进行查处和作出书面答复等诉求，看上去似乎物价局对该举报行为的处理对罗某荣没有实际影响。然而，实际上罗某荣的上述诉求均是基于其自身在电信营业厅办理手机号码时被收取 20 元卡费的事实提出的，并持有收取费用的发票作为证据，其本身的合法权益确实会因该举报的处理结果而受到实际影响。因此，罗某荣与举报处理行为具有法律上的利害关系，具有行政诉讼原告主体资格。

关于吉安市物价局对被举报事项的答复是否合法的问题。《价格违法行为举报规定》第 14 条规定："举报办结后，举报人要求答复且有联系方式的，价格主管部门应当在办结后 5 个工作日内将办理结果以书面或者口头方式告知举报人。"本案中吉安市物价局作为价格主管部门，依法具有受理价格违法行为举报，并对价格是否违法进行审查，提出分类处理意见的法定职责。罗某荣在申诉举报函中明确列举了 3 项举报请求，且要求吉安市物价局在查处结束后书面告知罗某荣处理结果，该答复未依法载明吉安市物价局对被举报事项的处理结果，违反了《价格违法行为举报规定》第 14 条的规定，不具有合法性。

四、参考意见

随着举报成为公众参与行政管理的重要途径，行政机关所接受的举报数量不断攀升，不可避免的是，实践中行政机关对举报未予答复、拖延答复或者答复内容不符合要求等情形逐渐涌现，举报人对此提起行政诉讼也成为一类新型的行政案件并在实践中快速增长。此类案件中，最具争议的是，举报人是否具有行政诉讼的原告资格？肯定者认为，举报是法律赋予公民的一项权利，行政机关的行为若侵害到举报权利，当然有提起行政诉讼的原告资格。否定者认为，根据相关法律规定，任何单位和个人对违法行为均可进行举报，若向行政机关举报后即具备行政诉讼的原告资格，这势必造成"滥诉"的后果，浪费司法资源。各级法院在审理相关案件时，也不免陷入两难境地，若一律否定举报人的原告资格，似乎违背《行政诉讼法》放宽原告认定标准的意旨，若一律肯定举报人的原告资格，则会造成相关案件泛滥，更助长"职业举报人"的气焰。

"罗某荣诉吉安市物价局物价行政处理案"中，最高人民法院在裁判要点中对举报人的行政诉讼原告资格作出了较为清晰的回应，即举报人基于其自身合法权益受到侵害而向行政机关举报的，应当认定举报人与举报处理行为具有法律上的利害关系，具有行政诉讼原告主体资格。因此，根据该指导案例的裁判要点可知，举报人并不天然地具有行政诉讼原告资格，其具备行政诉讼的原告资格须具备如下两个要件：一是自身合法权益受到侵害；二是自身合法权益受到的侵害与被举报行为之间存在因果关系。

有学者进一步提出，可以将举报人根据自身合法权益是否受到被举报行为侵害的标准分为两类：自身合法权益受到被举报行为侵害的，称为"私益举报人"；自身合法权益未受到被举报行为侵害的，称为"公益举报人"。私益举报人具有行政诉讼原告资格，公益举报人不具有行政诉讼原告资格。还需注意的是，在判断行政诉讼中举报人的原告资格时，根据原告诉请的不同，法院存在截然不同的两条进路（见表1）。一是判断原告与不履行法定职责行为之间的"利害关系"，应以不履行法定职责是否侵害原告的合法权益为标准，此时原告并非以"举报人"的身份存在，而是以一个普通的行政相对人的身份存在。二是判断原告与举报答复行为之间的"利害关系"，应以举报答复行为是否侵害原告的合法权益为标准，此时原告方以"举报人"的身份存在。[1]

〔1〕　黄锴："行政诉讼中举报人原告资格的审查路径——基于指导案例77号的分析"，载《政治与法律》2017年第10期。

表1　法院对原告资格的审查进路

进路	原告诉请	被诉行为	原告资格审查要点
1	要求被告履行法定职责	不履行法定职责	不履行法定职责与原告的利害关系
2	撤销或变更举报答复	举报答复行为	举报答复行为与原告的利害关系

拓展案例

刘某某诉张家港市人民政府行政复议案[1]

一、基本案情

2015年11月24日，张家港市发展和改革委员会（以下简称张家港市发改委）向江苏金沙洲旅游投资发展有限公司（以下简称金沙洲公司）作出张发改许备〔2015〕823号《关于江苏金沙洲旅游投资发展有限公司金沙洲生态农业旅游观光项目备案的通知》（以下简称823号通知）。该通知内容涉及项目名称、主要功能及建设内容、项目选址、项目总投资及资金筹措、有效期等五个方面。刘某某于2016年1月通过信息公开的方式取得了上述通知，认为该通知将其位于江苏省张家港市锦丰镇福利村悦丰片一、二组拥有承包经营权的土地纳入其中，该通知存在重大违法情形，遂向张家港市人民政府提起行政复议，要求确认违法并予以撤销。张家港市人民政府经审查认为，刘某某与823号通知不具有利害关系，遂于2016年3月21日作出〔2016〕张行复第2号驳回行政复议申请决定，并于2016年3月22日送达刘某某。刘某某不服，向法院提起行政诉讼。

二、法律问题

反射性利益受到影响的当事人是否应当具有原告资格？

三、重点提示

行政诉讼原告资格认定中的"利害关系"一般仅指公法上的利害关系，

---

〔1〕　案号：（2017）最高法行申169号。载最高人民法院第三巡回法庭编著：《最高人民法院典型行政案件裁判观点与文书指导》，中国法制出版社2018年版，第64~76页。

除特殊情形或法律另有规定，一般不包括私法上的利害关系。申言之，只有主观公权利，即公法领域权利和利益，受到行政行为影响，存在受到损害的可能性的当事人，才与行政行为具有法律上利害关系，才形成了行政法上权利义务关系，才具有原告资格，才有资格提起行政诉讼。将当事人是否具有法律保护的权益，作为判断当事人是否具有原告主体资格的重要标准，与行政行为合法性审查原则相互契合。现行《行政诉讼法》在确定原告资格问题上，总体坚持主观诉讼而非客观诉讼理念，行政诉讼首要以救济原告权利为目的，因此有权提起诉讼的原告，一般宜限定为主张保护其主观公权利，而非主张保护其反射性利益的当事人。

◈ 阅读资料

二维码 2 - 1

专题二　原告资格的转移

◈ 知识概要

原告资格的转移，是指在法定条件下，起诉的资格转移给本来没有起诉资格的特定主体。《行政诉讼法》第 25 条第 2 款、第 3 款规定："有权提起诉讼的公民死亡，其近亲属可以提起诉讼。有权提起诉讼的法人或者其他组织终止，承受其权利的法人或者其他组织可以提起诉讼。"原告资格是为了保障公民、法人或者其他组织的实体权利能够得以实现而赋予其享有的一项法定资格，具有严格的条件限制。但根据法律规定，原告资格在特定情形下可以转移给其他主体，主要出于两方面考虑：一是切实保障相对人的合法权益，不因具有原告资格的公民死亡或者组织解散而使承受其权利的主体的权益受到影响；二是确保行政机关依法行政，如果有原告资格的主体死亡或者解散而不发生原告资格的转移，会纵容实施行政违法行为的行政机关。

一般来说，原告资格转移的条件包括：①有原告资格的主体在法律上不复存在，即公民死亡、法人或其他组织终止；②有原告资格的主体死亡或终止时，仍然处于法定诉讼期限之内；③原告资格转移发生于与原告有特定关系的主体之间，例如对公民来说，这种关系存在于近亲属之间。一旦发生原告资格的转移，由于原告自身已经不再具有权利能力，因此由原告资格转移而获得原告资格的人并非作为代理人提起诉讼，而是以本人的名义提起诉讼。

根据《2000 年司法解释》第 11 条的规定，近亲属包括配偶、父母、子女、兄弟姐妹、祖父母、外祖父母、孙子女、外孙子女和其他具有扶养、赡养关系的亲属。法人或其他组织的终止有两种情况：一是灭失，即法人或其他组织的资格在法律上归于消灭和结束，如撤销、破产，其权利义务由法律规定的组织承受，如清算组；二是变更，即原法人或其他组织以新的法人或组织形式出现，这种变更主要有分立和合并两种形式。

📚 经典案例

宋家四子女与吉林省梅河口市民政局等婚姻登记纠纷案[1]

一、基本案情

2000 年 11 月 14 日，李某和宋某（宋家四子女的已故父亲）两人办理结婚登记，吉林省梅河口市民政局（本案例中简称市民政局）按照规定审查了两人提供的有效证件后认为符合结婚登记申请条件，为李某和宋某填写了结婚登记申请表，拍摄了结婚证合影照片，填写了结婚证，并履行了必要的结婚登记手续，根据 1994 年《婚姻登记管理条例》第 9 条规定，为两人办理了结婚证。当时李某所持证件齐全，宋某因子女不同意其再婚，户口簿和身份证被子女扣留未能提交。市民政局在宋某未提交户籍身份证明的情况下办理了结婚证，同时依据 1994 年《婚姻登记管理条例》第 13 条规定，要求宋某到户籍地派出所开具身份证明。2000 年 11 月 27 日，李某和宋某向市民政局

---

〔1〕 案号：（2010）通中行终字第 15 号。

补交了户籍地派出所出具的身份证明。同日，市民政局为两人发放了结婚证。

一审庭审中，经宋家四子女申请，梅河口市人民法院同意对李某和宋某在结婚登记申请中的签名、指纹进行委托鉴定。2010年5月31日，吉林某鉴定所作出司法鉴定，认为李某和宋某在结婚登记申请书中的签字与提供的样本不是同一人书写；李某的结婚登记申请书中按压的指纹与样本对比，倾向认定是同一人指纹。2010年6月13日，该鉴定所又作出相同文号的司法鉴定书，但内容有变动，即将"倾向认定是同一人指纹"变更为"倾向否定是李某的指纹所按印"。

二审原告诉称：二审被告市民政局在证件不全的情况下进行了登记，构成违法；市民政局出具的婚姻登记申请书等材料是编造的，派出所出具的身份证明系伪造（2000年时，通行的身份证号是15位，该证明中为18位），与父亲的真实意愿不符。

二审被告辩称：市民政局发放的梅婚登字20001158号结婚登记证合法有效，应当受到法律保护。①2000年11月14日，李某同宋某两人一起来到二审被告处申请办理结婚登记，二审被告首先审查了两人提供的本人户口簿、身份证、婚姻状况证明，其次询问两人是否具有完全民事行为能力人、是否双方自愿结婚等，二审被告按照法律规定受理结婚登记申请必须具备条件、内容全面审查核实，证实两人符合结婚登记申请条件，二审被告为其办理结婚登记。宋某说子女不同意再婚，子女不给户口簿、身份证，但根据1994年《婚姻登记管理条例》第13条规定：申请结婚登记的当事人受单位或者他人干涉，不能获得所需证明时，经婚姻登记管理机关查明确实符合结婚条件的，应当予以登记。李某同宋某完全自愿、证件齐全、结婚内容真实、签名处均属本人签字，二审被告依法做出证号为20001158号结婚登记，发放结婚登记证的行为正确合法，应当受到法律保护。②二审被告做出证号为20001158号结婚登记档案，其行为正确、内容合法，应当受到法律保护。

二审诉讼请求：请求法院确认市民政局的婚姻登记违法，婚姻关系无效。

法院裁判：市民政局为李某与宋某发放的梅婚登字第20001158号结婚证，是符合1994年《婚姻登记管理条例》第13条规定的，是根据1994年《婚姻登记管理条例》第4条规定办理的。并且李某和宋某的夫妻关系在（2008）梅民初字第2080号生效判决书中已被确认。二审原告所提供的证据不能充分证明自己的主张。对于二审原告宋某坤、宋某荣、宋某波、宋某洁要求撤销一审判决，依据司法鉴定确认被告市民政局违法发放的梅婚登字第20001158号结婚登记证的请求不予支持；因宋某已死亡，故撤销结婚证的请求亦不能支持。

二、法律问题

继承人对被继承人的婚姻登记行为是否具有原告资格？

三、法理分析

《行政诉讼法》第25条第2款规定："有权提起诉讼的公民死亡，其近亲属可以提起诉讼。"《2018年司法解释》第14条第1款规定："行政诉讼法第25条第2款规定的'近亲属'，包括配偶、父母、子女、兄弟姐妹、祖父母、外祖父母、孙子女、外孙子女和其他具有扶养、赡养关系的亲属。"

温州市中级人民法院曾向最高人民法院报送请示的"郑某菊、胡某飞诉温州乐清市民政局颁发结婚证行政争议"一案中，涉及对婚姻关系当事人以外的其他人能否对婚姻登记行为提起行政诉讼，以及对程序违法但婚姻关系当事人一方已经死亡的结婚登记行为法院能否判决撤销等问题。对此，在《最高人民法院行政审判庭关于婚姻登记行政案件原告资格及判决方式有关问题的答复》（〔2005〕行他字第13号）中也明确："①依据《中华人民共和国行政诉讼法》第24条第2款规定，有权起诉婚姻登记行为的婚姻关系当事人死亡的，其近亲属可以提起行政诉讼。"

仅就有继承关系的近亲属与婚姻登记行为之间的关系而言，尽管婚姻登记行为只是在婚姻当事人之间直接创设了法律关系，但并不妨碍对近亲属的继承权发生实际影响，即如果撤销了婚姻登记行为，近亲属即可能或者必然获得更多的继承机会或者继承份额，反之则会丧失继承机会或者继承份额。由于近亲属对婚姻登记行为的撤销权能否得到实现，取决于其主张是否合法，因而不可能随心所欲地干预他人婚姻自由，而只是在他人本来不该缔结婚姻时才能实现其撤销婚姻登记行为的主张，这种情况下并不对婚姻当事人的婚姻自主权造成损害，因为此时其婚姻本来就不应该受到保护。也就是说，基于婚姻登记行为可能对继承权发生的实际影响，近亲属具有对被继承人的婚姻登记提起行政诉讼的原告资格。[1]

本案中，宋家四子女属于法律规定的"近亲属"范围，被继承人宋某作为行政相对人有权对婚姻登记行为提起诉讼，根据《行政诉讼法》及司法解释，宋家四子女可以对婚姻登记行为提起行政诉讼。

四、参考意见

理论界和实务界有关继承人对被继承人的婚姻登记行为是否具有原告资格的问题存在较大争议，以下整理的几个观点供参考和研讨。

观点一：根据婚姻自由原则，婚姻登记行为的作用对象是申请结婚登记的双方当事人，而不涉及他人，婚姻登记行为的利害关系人只包括婚姻当事人。由于继承权是一种期待权，且行政机关在作出婚姻登记行为时并不需要考虑未来的继承权问题，因此，如果起诉人主张婚姻登记行为侵犯其继承权，法院应当认定其不具备原告资格；如果作为近亲属的起诉人主张婚姻登记行为违法，可能导致损害婚姻当事人一方（死者）的合法权益的，法院应当承认其原告资格。[2]

观点二：之所以理论界和实务界会对原告资格转移产生误解，一个可能的解释是，实定法强调法人或其他组织终止后，"承受其权利"的法人或其他组织有权提起诉讼，因而原告资格转移的本质易被理解为是实体权利或利益的转移。但无论从实定法的文义和条文结构出发，还是从立法者的原意观察，原告资格转移本身并不必然以承继原告与被诉行政行为存在利害关系为前提。[3]

观点三：行政诉讼法规定的近亲属可以提起行政诉讼，必须考虑近亲属是否与行政行为之间具有法律上的利害关系。近亲属以自身继承权受损提起行政诉讼的，不具备原告资格。此处还必须厘清两点：一是原告资格证明问题。为了充分保护死者权利，只要存在侵犯死者权利的可能性，其近亲属就具有原告资格，并不要求起诉时提交证据证明死者生前有起诉的意愿。二是

---

〔1〕 孔祥俊："婚姻登记行为的可诉性与司法审查标准"，载《法制日报》2003年9月25日。

〔2〕 梁凤云编著：《新行政诉讼法逐条注释》，中国法制出版社2017年版，第151页。

〔3〕 陈鹏："行政诉讼原告资格的多层次构造"，载《中外法学》2017年第5期。

〔2005〕行他字第 13 号答复的适用问题。浙江省高级人民法院报送请示的"郑某菊、胡某飞诉温州乐清市民政局颁发结婚证行政争议一案"中，作为近亲属的起诉人主张的是婚姻登记行为违法，可能导致损害婚姻当事人一方的合法权益，而不是被诉的婚姻登记行为侵犯了自身的继承权，因此浙江省高级人民法院承认其原告资格是成立的。从宋家四子女的起诉理由来看，他们怀疑结婚登记申领材料属于伪造，认为父亲没有结婚意愿，提出笔迹指纹鉴定请求；据此人民法院可以初步判断，保护父亲的婚姻自主权是宋家四子女的诉讼目的之一，故享有原告资格。[1]

拓展案例

陈杰某诉隆昌县房管局登记纠纷案[2]

一、基本案情

吴某某，于 2009 年死亡，有 5 个子女，系陈杰某的母亲。2005 年 7 月 22 日，吴某某与刘某某签订了房屋买卖契约，交易金额为 102 000 元，双方于当日到隆昌县房管局填写了出售房屋申请书和购买房屋申请书，提交了隆昌县人民法院（1997）隆民初字第 1561 号民事判决书（证明 356 号门面房产权属于吴某某个人所有）和（2005）隆民初字第 639 号民事判决书（证明 356 号门面房产权属于吴某某个人所有），以及双方身份证复印件，隆昌县房管局经过审核作出了房屋转移登记，即将 356 号门面房于 2005 年 7 月 25 日以隆房权证监证字第 200504158 号《房屋产权证书》转移登记在案外人刘某某名下。陈杰某请求撤销被告隆昌县房管局于 2005 年 7 月 25 日作出的隆房权证监证字第 200504158 号《房屋产权证书》产权转移登记的具体行政行为，以及赔偿因产权转移登记给原告造成的损失。

二、法律问题

陈杰某能否基于继承权取得原告资格？

---

〔1〕蔡小雪、金诚轩："对结婚登记的审查应以结婚意愿为重"，载《人民司法·案例》2014 年第 12 期。

〔2〕案号：（2014）内行终字第 30 号。

三、重点提示

请将该案与"宋家四子女与梅河口市民政局等婚姻登记纠纷案"进行对比，思考原告资格转移的条件。只有在被继承人死亡后，继承人才能享有对被继承人遗产的继承权。本案被诉行政行为作出时，原告陈杰某之母吴某某并未死亡，原告陈杰某尚无继承权，且被诉行政行为与原告陈杰某主张的权益受损不存在因果关系，即与被诉具体行政行为没有法律上的利害关系，故陈杰某不具有原告资格。

阅读资料

二维码 2 - 2

专题三　被告适格的条件

知识概要

行政诉讼的被告是指被原告起诉侵犯其合法，而由人民法院通知应诉的具有国家行政职权的机关或者组织。《行政诉讼法》第 26 条第 1 款规定："公民、法人或者其他组织直接向人民法院提起诉讼的，作出行政行为的行政机关是被告。"第 26 条第 5 款规定："行政机关委托的组织所作的行政行为，委托的行政机关是被告。"《行政诉讼法》确定的行政诉讼被告为"行政机关"。然而，《行政诉讼法》第 2 条规定："公民、法人或者其他组织认为行政机关和行政机关工作人员的行政行为侵犯其合法权益，有权依照本法向人民法院提起诉讼。前款所称行政行为，包括法律、法规、规章授权的组织作出的行政行为。"也就是说，作为行政诉讼被告的"行政机关"也包括法律、法规、规章授权的组织。因此，我国行政诉讼被告的范围包括行政机关和法律、法规、规章授权的组织，这是被告适格的形式要件。

根据《行政诉讼法》及相关司法解释的规定，被告适格的实质要件应当包括职权要件、行为要件和责任要件：其一，职权要件在于行政诉讼被告是基于一定的行政职权的行使而成为被告，这是行政诉讼被告区别于民事诉讼被告的主要特征。其二，行为要件是指行政诉讼被告有一定的行政行为，这里的行政行为既包括作出了某行政行为，也包括应当作为行政行为而未作为，即不作为。行为要件是行政诉讼被告区别于行政诉讼其他诉讼参加人的重要特征，也是确定行政诉讼被告的首要的、最一般的因素，即所谓"谁行为，谁被告"。其三，责任要件是指行政诉讼被告必须具有一定的责任能力，能够独立地对被诉行政行为承担法律责任。这类能够独立承担法律责任的被告主体，包括行政机关和法律、法规、规章授权的组织。行政机关是指依法成立、有独立的经费来源，纳入行政编制序列的法定机关，包括各级人民政府以及县级以上地方各级人民政府中具有独立行政管理职能的机构。对于法律、法规、规章授权的组织来说，有些具有独立的法律主体资格，如事业单位、社会团体等；有些并不具有独立的法律主体资格，不具有独立的经费来源，不属于特定层次的编制序列，但由于法律、法规、规章对其赋予了一定的职权，而使其能够直接成为行政法律关系的主体，进而成为行政诉讼的被告。[1]

从原则上来看，确定行政诉讼被告适格的依据是法定主体原则。可以从以下几个方面理解该原则：其一，"谁行为，谁被告"。即行政行为的作出是谁，谁就是行政诉讼的被告。该规则的适用前提是作出行政行为的主体享有行政主体资格，能独立承担法律责任。判断行为主体最核心的方法是看署名主体是谁。其二，"谁主体，谁被告"。即行政行为的主体不具有行政主体资格的情形下，应当由对该行政行为承担法律责任的行政主体作为被告。其三，"谁越权，谁被告"。这是"谁行为，谁被告"规则的推论，是指行政机关（包括法律、法规、规章授权的组织）超越法定职权或

---

〔1〕 江必新主编：《中华人民共和国行政诉讼法及司法解释条文理解与适用》，人民法院出版社2015年版，第158~159页。

授权，实施行政行为而被提起行政诉讼，应仍以该越权机关、机构或组织为行政诉讼被告。

经典案例

王某奇诉河北省产权交易中心国有资产管理行政信息公开案[1]

一、基本案情

案件事实：原告王某奇受中国工商银行股份有限公司石家庄石正支行委托，代理该行与河北上海汽车联营销售公司借款合同纠纷一案的诉讼事宜。在诉讼中因被告河北省产权交易中心出具了《河北上海汽车联营销售公司资产转让鉴证意见书》，为此，原告王某奇于2008年3月27日到被告河北省产权交易中心，要求查询河北省产权交易中心作出《河北上海汽车联营销售公司资产转让鉴证意见书》的相关信息，遭到了被告河北省产权交易中心拒绝。原告王某奇认为其权益受到侵害，向法院提起行政诉讼。

原告诉称：2008年3月27日，原告到被告处调查河北上海汽车联营销售公司的产权交易情况，但被告以种种理由拒不提供。按照《河北省企业国有资产产权交易管理暂行规定》，被告是经政府批准成立并为产权交易提供服务并履行监管职责的事业法人，被告有义务提供产权交易的相关信息。被告的拒绝行为已经构成了行政不作为，并且侵害了律师的调查权和知情权。

被告辩称：①河北省产权交易中心的性质是经省人民政府批准成立，为产权交易提供服务并履行相关职责的事业法人，非行政机关。被告出具的《河北上海汽车联营销售公司资产转让鉴证意见书》，仅仅是被告为交易双方当事人提供产权交易服务的行为之一，并非具体行政行为，谈不上对律师调查的所谓行政不作为；另外，被告非行政机关的派出机构，而且也未得到行政授权，更谈不上超出行政授权范围问题。②原告作为律师的执业行为不具有合法性，其诸项诉讼请求人民法院不应予以支持。首先，律师开展执业活

---

〔1〕　案号：（2008）石行终字第135号。载中华人民共和国最高人民法院行政审判庭编：《中国行政审判案例》（第3卷），中国法制出版社2014年版，第27页。

动,应当主动出示律师执业证,但原告到被告处进行调查并未出示律师执业证;其次,执业律师的调查权,应当基于当事人的委托,而原告根本没有出具有关委托手续;再次,在新修订的《中华人民共和国律师法》生效前(2008年6月1日前),执业律师的调查权应以当事人同意调查为行使前提,被告拒绝原告调查并不违法;最后,原告作为中介服务机构,除应当公开披露的交易信息外,还有为交易当事人保密的义务,对未出具律师执业证和委托手续的原告,拒绝提供有关的交易情况并不为过。

诉讼请求:依法判令被告河北省产权交易中心向原告公开《河北上海汽车联营销售公司资产转让鉴证意见书》的档案、事实依据和法律依据。

法院裁判:被告河北省产权交易中心属于行政机关组建的,并由地方规章授权的,为产权交易提供服务并履行相关行政职责的事业组织,具有行政诉讼被告之主体资格,其在对产权交易活动中制作的和获取的信息,应当依法予以公开。被告河北省产权交易中心在该案中的拒绝行为属于典型的行政不作为,有违依法行政的法治原则,对此行为应当依法予以制止和纠正。故依据《行政诉讼法》(1989)第54条第3项之规定,判决如下:限被告河北省产权交易中心在本判决生效后5日内,依法向原告王某奇公开《河北上海汽车联营销售公司资产转让鉴证意见书》之相关信息。

二、法律问题

1. 河北省产权交易中心是否为本案适格被告?
2. 河北省产权交易中心是否构成行政不作为?

三、法理分析

本案争议的焦点问题是河北省产权交易中心是否为本案适格被告。

《行政诉讼法》第26条第1款规定:"公民、法人或者其他组织直接向人民法院提起诉讼的,作出行政行为的行政机关是被告。"第26条第5款规定:"行政机关委托的组织所作的行政行为,委托的行政机关是被告。"《行政诉讼法》确定的行政诉讼被告为"行政机关。"然而,《行政诉讼法》第2条规定:"公民、法人或者其他组织认为行政机关和行政机关工作人员的行政行为侵犯其合法权益,有权依照本法向人民法院提起诉讼。前款所称行政行为,包括法律、法规、规章授权的组织作出的行政行为。"也就是说，作为行政诉讼被告的"行政机关"也包括法律、法规、规章授权的组织。因此，我国行政诉讼被告的范围包括行政机关和法律、法规、规章授权的组织。

需要指出的是，并非所有的组织都可以作为行政诉讼的被告。要具体情况具体分析，组织毕竟与行政机关不同，作为行政诉讼的被告时是有条件限制的。在组织作为行政诉讼被告的司法实践中，应当把握一个必要条件，即组织作出行政行为必须有法律、法规或者规章的授权，这是组织作为行政诉讼被告的必要条件，如果没有法律、法规和规章的授权，则组织是不能行使行政职权的。另一种情况下，组织可以接受行政机关委托而实施行政行为，但在行政诉讼中，适格被告只能是委托的行政机关而非组织。

本案中，河北省产权交易中心不是行政机关，但是由省人民政府依法成立的，规格相当于处级的事业单位，其举办单位为河北省人民政府国有资产监督管理委员会，河北省事业单位登记管理局向其颁发了事业单位法人证书，属于行政机关依法成立的"组织"。可见河北省产权交易中心作为一个"组织"，如果不具有国家管理的某些行政职能，那它同样不能具备行政诉讼被告的主体资格。那么，河北省产权交易中心是否具有行政管理职能呢？其一，《河北省企业国有资产产权交易管理暂行规定》第8条、第9条作了规定，明确规定产权交易机构在国家资产管理中具有行政职能。其二，河北省机构编制委员会在批准成立河北省产权交易中心的批复中，也授权其在国有资产出售、转让中具有行政管理职责。因此，河北省产权交易中心具有国家行政管理职能，属于具有国家行政管理职权的组织，即《行政诉讼法》中规定的法律、法规、规章授权的组织，公民对其行政行为不服，可以依法提起行政诉讼。故河北省产权交易中心应为本案的适格被告。

本案另一个焦点问题是被告河北省产权交易中心是否构成行政不作为。

行政不作为是相对于行政作为而言的，在审判实践中指行政主体具有法定的义务或职责，而拒绝履行或者怠于履行。是否具有法定的职责或义务，是行政不作为是否成立的关键。《河北省企业国有资产产权交易管理暂行规定》第5条和第11条规定产权交易必须通过产权交易机构公开进行，不得私下交易。产权交易机构应当建立、健全产权交易信息网络，利用信息化技术手段及时向社会发布产权出让信息，促进产权交易工作开展。因此，河北省产权交易中心在国有资产出让、转让活动中所获得的信息，属于公共信息，不是其单位私有信息，所以除涉及国家秘密和企业商业秘密外，向利害关系人或者社会予以公开是其法定的职责和义务，拒绝公开即构成行政不作为。本案中，被告河北省产权交易中心在原告王某奇代理的民事诉讼中出具了《河北上海汽车联营销售公司资产转让鉴证意见书》，对原告王某奇的代理活动产生了影响，原告王某奇作为律师，有责任和义务对此所涉及的信息予以调查和取证。原告王某奇向被告河北省产权交易中心提出申请，作为掌控该信息的被告河北省产权交易中心有责任和义务接受原告王某奇的申请，依法向原告王某奇提供相关信息。然而被告河北省产权交易中心对原告王某奇的申请予以拒绝，显然在事实上构成了行政不作为。

四、参考意见

被告河北省产权交易中心是河北省人民政府为规范产权转让行为，防止国有资产流失而批准成立的产权交易机构（相当于处级），机构类型为事业法人。根据《河北省企业国有资产产权交易管理暂行规定》第8条、第9条规定，被告河北省产权交易中心作为为产权交易提供服务并履行相关职责的事业法人，其在产权交易活动中，不仅具有为产权交易提供服务的中介身份，而且具有对产权交易活动相关事项进行管理的行政主体身份，属于规章授权的具有国家行政职权的组织。被告河北省产权交易中心虽不是行政机关，但属于《2000年司法解释》所规定的其他组织，具备作为行政诉讼被告的主体资格。根据《河北省企业国有资产产权交易管理暂行规定》第5条、第11条规定，作为河北省产权交易机构的被告河北省产权交易中心在履行职责过程中制作和获取的信息，属于公共信息，有义务向相关利害关系人和社会依法公开，这是地方规章所赋予被告河北省产权交易中心的法定职责，被告河北省产权交易中心拒绝履行，属于行政不作为（不履行法定职责）。[1]

---

[1] 参见（2008）新行初字第13号行政判决。

拓展案例

陈某生、张某平诉金寨县人民政府征收补偿协议案[1]

一、基本案情

2014 年 6 月，金寨县人民政府（以下简称金寨县政府）为实施该县 2014 年重点民生工程江店棚户区改造项目（一期），对该项目规划范围内国有土地上的房屋予以征收。2014 年 7 月 23 日，陈某生、张某平与金寨县政府确定的负责房屋征收补偿相关具体工作的金寨县征补办签订房屋征收补偿协议。2015 年 10 月，陈某生、张某平以金寨县政府为被告提起行政诉讼，要求撤销房屋征收补偿协议。

安徽省六安市中级人民法院认为：金寨县国有土地房屋征收补偿办公室（以下简称金寨县征补办）是金寨县政府确定的组织实施房屋征收补偿工作的房屋征收部门，与陈某生、张某平签订房屋征收补偿协议，订立协议的主体合法。陈某生、张某平诉请撤销该协议，依据合同相对性原则，应当以订立协议的房屋征收部门为被告，将金寨县政府列为被告系主体错误。据此依照《2015 年司法解释》第 3 条第 1 款第 3 项之规定，作出（2015）六行初字第 00121 号行政裁定，驳回陈某生、张某平的起诉。

二、法律问题

行政协议诉讼中的适格被告应如何确定？

三、重点提示

所谓行政协议，是指行政机关为实现公共利益或者行政管理目标，在法定职责范围内，与公民、法人或者其他组织协商订立的具有行政法上权利义务内容的协议。尽管行政协议在性质上仍然属于一种行政行为，在主体、标

---

〔1〕 案号：（2016）皖行终 233 号。载李广宇：《理性诉权观与实质法治主义》，法律出版社 2018 年版，第 21 ~ 32 页。

的以及目标等方面与民事合同多有不同，但它的确是一种"最少公法色彩、最多私法色彩"的新型行政行为。与民事合同类似，行政协议同样是一种合同，同样基于双方或者多方当事人的意思合致，同样具有合同当事人地位平等以及非强制性等特点。正是基于这种类似性，在行政协议诉讼中"可以适用不违反行政法和行政诉讼法强制性规定的民事法律规范"。行政协议诉讼中，应当遵循合同相对性原则，即只能以协议的相对方为被告。

◈ 阅读资料

二维码 2-3

专题四　经行政复议案件的适格被告

◈ 知识概要

经过行政复议的行政行为被诉，如何确立被告，修改前的《行政诉讼法》（1989）第25条规定："经复议的案件，复议机关决定维持原具体行政行为的，作出原具体行政行为的行政机关是被告；复议机关改变原具体行政行为的，复议机关是被告。"《行政诉讼法》（2014）对行政诉讼中关于复议机关作为被告的问题进行了重大修改。《行政诉讼法》第26条第2款规定："经复议的案件，复议机关决定维持原行政行为的，作出原行政行为的行政机关和复议机关是共同被告；复议机关改变原行政行为的，复议机关是被告。"此次修改对复议机关维持原行政行为的情形，确立为由作出原行政行为的行政机关和复议机关作为共同被告。其目的在于防止行政复议机关怠于履行纠正违法的行政行为，督促其有效发挥行政复议解决行政争议的职能，便于行政机关开展对原行政行为合法性举证等各项诉讼工作。

复议机关维持原行政行为的情况大体上可以分为两类：一是形式上的维持决定，即复议机关作出维持原行政行为的决定，包括复议机关虽然改变原行政行为认定的事实和法律适用，但处理结果仍与原行政行为处理结果一致的情况；二是虽然没有作出维持决定，但并未否定原行政行为效力的处理方式，以复议机关驳回复议申请或者复议请求等情况为主。需要注意的是，上述复议机关驳回复议申请不包括对行政复议不予受理的决定，以及受理行政复议申请后，发现该行政复议申请不符合受理条件，对复议申请予以驳回的情况。这类情形属于对复议申请受理条件的问题，不涉及原行政行为的效力问题，因此不能视为维持原行政行为。原告只起诉作出原行政行为的行政机关或者复议机关的，人民法院应当告知原告追加被告。原告不同意追加的，人民法院应当将另一机关列为共同被告。

复议机关改变原行政行为是指复议机关改变原行政行为的处理结果。复议机关确认原行政行为无效，属于改变原行政行为。复议机关确认原行政行为违法，属于改变原行政行为，但复议机关以违反法定程序为由确认原行政行为违法的除外。复议机关改变原行政行为所认定的主要事实和证据、改变原行政行为所适用的规范依据，但未改变原行政行为处理结果的，视为复议机关维持原行政行为。

需要注意的是，《行政诉讼法》第 26 条第 3 款规定："复议机关在法定期限内未作出复议决定，公民、法人或者其他组织起诉原行政行为的，作出原行政行为的行政机关是被告；起诉复议机关不作为的，复议机关是被告。"该款与前述第 2 款的区别是，无论是复议机关在法定期限内未作出复议决定，还是复议机关不作为，都没有真正进入行政复议的实质审查程序，因此要与复议维持和复议改变的情形进行区分。

综上，涉及行政复议案件的被告确认规则如下：①复议机关决定维持原行政行为的，作出原行政行为的行政机关和复议机关是共同被告；②复议机关改变原行政行为的，复议机关是被告；③复议机关在法定期限内未作出复议决定，公民、法人或者其他组织起诉原行政行为的，作出原行政行为的行政机关是被告；④起诉复议机关不作为的，复议机关是被告。

经典案例

陈某诉行政复议决定及消防案[1]

一、基本案情

案件事实：2014 年 8 月 5 日，黄石市黄石港区公安消防大队（以下简称黄石港消防大队）为案外人李雁颁发港公消安检字〔2014〕第 0018 号《公众聚集场所投入使用、营业前消防安全检查合格证》（以下简称《合格证》）。陈某因不服上述颁证行为，于 2016 年 4 月 11 日向黄石市黄石港区人民政府（以下简称黄石港区政府）申请行政复议，请求撤销该《合格证》。随后，黄石港区政府作出《不予受理行政复议申请决定书》，认为陈某并非行政许可行为的利害关系人，且申请超过法律规定的申请期限，依据《行政复议法》第 9 条、第 10 条的规定，决定不予受理。陈某不服，诉至湖北省黄石市中级人民法院。

原告诉称：2016 年 4 月 11 日向被告黄石港区政府申请行政复议，请求撤销被告黄石港消防大队为案外人李雁颁发港公消安检字〔2014〕第 0018 号《公众聚集场所投入使用、营业前消防安全检查合格证》的行政行为，并责令停止实施违法行为。同年 4 月 19 日，其知晓被告黄石港区政府作出《不予受理行政复议申请决定书》，并于同年 4 月 22 日收到上述复议决定书。被告黄石港区政府作出《不予受理行政复议申请决定书》超过了 5 个工作日的期限，属于违法的行政行为。被告黄石港消防大队颁发港公消安检字〔2014〕第 0018 号《公众聚集场所投入使用、营业前消防安全检查合格证》的行政行为违反了《行政许可法》第 8 条、第 49 条、第 69 条的规定，应予撤销。

被告黄石港区政府辩称：①其已在法定期限内作出不予受理决定，原告陈某的诉讼请求无事实及法律依据。②原告陈某的行政复议申请不符合法定受理条件，其作出不予受理决定认定事实清楚，适用法律正确。综上，请求驳回原告陈某的全部诉讼请求。

---

〔1〕 案号：（2017）最高法行申 358 号。载李广宇：《理性诉权观与实质法治主义》，法律出版社 2018 年版，第 325～331 页。

被告黄石港消防大队辩称：其颁发港公消安检字〔2014〕第0018号《公众聚集场所投入使用、营业前消防安全检查合格证》的行政行为证据充分，适用法律正确，程序合法，且在许可的过程中并未发现被许可人存在欺诈、贿赂等不正当取得许可的行为。综上，请求维持其作出的颁证行为。

诉讼请求：请求确认被告黄石港区政府作出《不予受理行政复议申请决定书》、被告黄石港消防大队颁发港公消安检字〔2014〕第0018号《公众聚集场所投入使用、营业前消防安全检查合格证》的行政行为违法，并予以撤销。

法院裁判：法院认为，陈某的诉讼请求包含两个行政行为、涉及两个行政主体，此两个被诉的行为不属于同类行政行为，且审级亦不同，故本案被诉的两个行政行为不可以合并审理。按照"一案一诉"的诉讼原则，陈某应当分别起诉。经法院释明，陈某拒绝变更其诉讼请求，故其起诉不符合法定起诉条件。综上，依据《2015年司法解释》第3条第1款第1项、第10项、第2款的规定，裁定驳回陈某的起诉。

二、法律问题

1. 陈某不服黄石港区政府作出《不予受理行政复议申请决定书》能否以复议机关为被告提起行政诉讼？其法律依据是什么？

2. 陈某能否将黄石港区政府和黄石港消防大队作为"共同被告"提起行政诉讼？

三、法理分析

本案的核心问题在于，复议机关作出不予受理复议申请决定的，应如何确定行政诉讼被告。

行政复议不予受理决定是行政复议机关对申请复议的具体行政行为，是否属于行政复议的受案范围、是否超过法定期限和超过法定期限有无正当理由、申请人是否符合条件、行政复议申请书是否符合条件、行政复议申请书是否属于本行政复议机关的管辖范围以及是否已向人民法院提起诉讼等方面，进行形式审查后而作出的否定性结论。严格意义上说，行政复议不予受理决定的作出，只是在行政复议程序的受理阶段的"决定"，并没有真正跨进行政复议的实质审查程序。

需要区分的是，复议机关受理行政复议申请后驳回复议申请或者复议请求，属于一种实体处理决定，在性质上与维持原行政行为并无不同。而以复议申请不符合受理条件为由驳回，则类似于不予受理复议申请决定，在性质上属于对行政复议申请的程序性驳回，既不属于维持原行政行为，也不属于改变原行政行为，因为行政机关并没有对被申请行政行为的合法性作出实体认定和处理。

因此，本案中，黄石港区政府系认为陈某并非行政许可行为的利害关系人，且申请超过法律规定的申请期限，因而作出《不予受理行政复议申请决定书》，该决定并没有对被申请行政行为的合法性作出实体认定和行政处理，其既不属于维持原行政行为，也不属于改变原行政行为。但是，黄石港区政府作出的不予受理复议申请决定的行为可以被认定属于积极的行政不作为，即复议机关未履行法定的行政复议职责。根据《行政诉讼法》第 26 条规定的"起诉复议机关不作为的，复议机关是被告"，黄石港区政府可以作为复议机关不作为之诉的被告。

关于陈某能否将黄石港区政府和黄石港消防大队做"共同被告"提起行政诉讼的问题。

共同诉讼是指当事人一方或双方为 2 人以上的诉讼。原告为 2 人以上的，为共同原告；被告为 2 人以上的，为共同被告。《行政诉讼法》第 27 条规定："当事人一方或者双方为 2 人以上，因同一行政行为发生的行政案件，或者因同类行政行为发生的行政案件，人民法院认为可以合并审理并经当事人同意的，为共同诉讼。"共同诉讼的意义在于简化诉讼程序，节省时间和费用，提高诉讼效率和诉讼效益，防止作出矛盾判决以保持法的安定性。

一般来说，共同诉讼分为必要共同诉讼和普通共同诉讼。当事人一方或者双方为 2 人，其诉讼标的是共同的，为必要共同诉讼。必要共同诉讼的特点在于共同诉讼的一方当事人对诉讼标的有不可分的、共同的权利义务。而当事人一方或双方为 2 人以上，其诉讼标的为同一种类，人民法院认为可以合并审理并经当事人同意的诉讼为普通共同诉讼。普通共同诉讼的特点在于共同诉讼的一方当事人对诉标的没有共同的权利义务，是一种可分之诉，只是因为他们的诉讼标的为同一种类，人民法院为审理方便，才将他们作为共同诉讼审理。

就本案来说，需要明确两点：一是不予受理复议申请的决定不属于维持原行政行为，也就不适用《行政诉讼法》第26条关于"复议机关决定维持原行政行为的，作出原行政行为的行政机关和复议机关是共同被告"的规定；二是本案中陈某的诉讼请求是撤销黄石港区政府作出《不予受理行政复议申请决定书》的行政行为和黄石港消防大队为案外人李某颁发《合格证》的行政行为，其诉讼请求包含两个行政行为、涉及两个行政主体。而黄石港区政府作出《不予受理行政复议申请决定书》的行政行为属于行政机关不履行行政复议法定职责，黄石港消防大队颁发《合格证》的行政行为属于行政许可行为，此两个被诉的行为不属于同类行政行为，且审级亦不同，故本案被诉的两个行政行为不符合共同诉讼的条件。按照"一案一诉"的诉讼原则，陈某应当分别起诉。

四、参考意见

在复议机关不予受理复议申请的情况下，当事人有两种法律救济手段可以选择：一种是直接起诉原行政行为，以作出原行政行为的行政机关为被告。因为可能对当事人合法权益造成侵害的，实质上仍是原行政机关的行政行为或者不作为。复议机关尽管没有受理行政复议申请，但在法律没有规定行政复议必须是前置程序的情况下，并不影响当事人直接对原行政行为提起行政诉讼，并且直接起诉原行政行为还有利于从根本上解决行政争议。另一种是起诉复议机关不作为。如果当事人坚持认为复议机关应当受理其复议申请，也可以以复议机关不作为为由提起诉讼，此时的被告应当为行政复议机关。但是，无论是直接起诉原行政行为还是起诉复议机关不作为，都不涉及另一机关作共同被告问题，因为《行政诉讼法》第26条第3款明确规定："复议机关在法定期限内未作出复议决定，公民、法人或者其他组织起诉原行政行为的，作出原行政行为的行政机关是被告；起诉复议机关不作为的，复议机关是被告。"按照立法本意，本款所说的"复议机关在法定期限内未作出复议决定"，仅指未就实体处理作出决定。"复议机关不作为"，既包括复议机关在法定期限内不作出任何决定的消极不作为，也包括复议机关明确作出不予受理复议申请决定的积极不作为。

此外，虽然当事人依法可以采取上述两种救济手段，但却不可以同时进行，而应当选择其一。这是因为，直接起诉原行政行为，目的是要求人民法院对原行政行为的合法性作出认定和处理；起诉复议机关不作为，直接的诉求虽然是要求人民法院撤销不予受理复议申请的决定，但撤销不予受理复议申请决定的效果，则必然导致复议机关同样要对原行政行为的合法性作出认定和处理。如果同时起诉原行政行为和复议机关不作为，就会违反一事不再理原则，造成人民法院和复议机关的重复劳动。更为重要的是，这样做还违反了司法最终原则。

◈ 拓展案例

芦某家诉北京市朝阳区人民政府、北京市人民政府案件[1]

一、基本案情

芦某家向原审法院起诉称，其在北京市朝阳区小红门乡南辛庄 175 号院有合法手续宅基地一处 2 层楼房，在 186 号院有合法手续 1 间房。2014 年 10 月 27 日和 10 月 30 日，当地政府在未向芦某家出示任何拆迁许可文件，也未与其达成协议的情况下将芦某家 186 号院和 175 号院的房屋非法野蛮强拆。芦某家于 2015 年 6 月 7 日向北京市朝阳区人民政府（以下简称朝阳区政府）申请履行法定职责，朝阳区政府收到后逾期未予回复，故申请上一级行政机关行政复议。2015 年 8 月 14 日，北京市人民政府（以下简称北京市政府）依法受理。2015 年 10 月 10 日芦某家收到北京市政府作出的复议决定。芦某家认为北京市政府没有依据事实和法律作出公正决定，故诉至法院，请求依法判决：①撤销复议决定；②责令朝阳区政府履行法定职责；③诉讼费由被告承担。

北京市第四中级人民法院认为：根据《行政诉讼法》的规定，起诉具有事实根据是提起诉讼的法定条件。公民、法人或者其他组织请求行政机关履行法定职责的前提是该项职责应属于该行政机关的职责范围。本案中，芦某家要求朝阳区政府履行法定职责涉及朝阳区小红门乡绿化隔离带建设腾退，

---

〔1〕 案号：（2015）四中行初字第 932 号。载李广宇：《理性诉权观与实质法治主义》，法律出版社 2018 年版，第 44～49 页。

芦某家要求朝阳区政府对上述事项进行查处不属于朝阳区政府的法定职责，故芦某家起诉无事实根据，不符合法定条件，应当裁定驳回起诉。据此作出（2015）四中行初字第932号行政裁定，驳回芦某家的起诉。芦某家不服，提起上诉。北京市高级人民法院以相同理由作出（2016）京行终2091号行政裁定，驳回上诉，维持一审裁定。

二、法律问题

复议机关作共同被告的情况下，法院应如何审查原行政行为和复议决定？

三、重点提示

复议机关决定维持原行政行为的，人民法院应当在审查原行政行为合法性的同时，一并审查复议程序的合法性。复议机关作共同被告的情况下，维持原行政行为的复议决定并没有施与当事人新的权利义务，可能对当事人合法权益造成侵害的，实质上仍是原行政机关的行政行为或者不作为。因此，人民法院审理的焦点通常仍会指向原行政机关的行政行为或者不作为。对于复议决定的审查也侧重于复议程序是否合法，这是由复议决定和原行政行为的统一性所决定的。

◆ 阅读资料

二维码 2－4

专题五　第三人

◆ 知识概要

第三人是指与诉讼争议的行政行为有利害关系但没有提起诉讼，或者同案件处理结果有利害关系，为了维护自身合法权益，参加诉讼的公民、法人或者其他组织。《行政诉讼法》第 29 条第 1 款规定："公民、法人或者其他组织同被诉行政行为有利害关系但没有提起诉讼，或者同案件处理结果有利害关系的，可以作为第三人申请参加诉讼，或者由人民法院通知参加诉讼。"根据该规定，行政诉讼第三人可分为两类：一类是与被诉行政行为有利害关系但没有提起诉讼的第三人；另一类是与案件处理结果有利害关系的第三人。相较于修订前的《行政诉讼法》（1989），此条增加了"同案件处理结果有利害关系的第三人"的规定，对行政诉讼第三人的范围予以扩充。"利害关系"是理解行政诉讼第三人的关键，随着行政法治的发展，法律所保护利益正在不断扩大，对利害关系的解释也应当与时俱进。

经典案例

上海罗芙仙妮化妆品有限公司诉上海市工商行政管理局金山分局工商行政处罚决定案[1]

一、基本案情

案件事实：2007 年 10 月 19 日，根据第三人的举报，被告上海市工商行政管理局金山分局（以下简称工商金山分局）执法人员对存放在上海复杉生物制品有限公司（原告上海罗芙仙妮化妆品有限公司的法定代表人为其唯一的股东、法定代表人）仓库内的化妆品进行了现场检查。经检查，所涉品牌为"罗芙仙妮""碧优泉"两个系列化妆品。经执法检查，被告工商金山分局认定原告生产、销售涉案两个系列化妆品的行为，违反了《反不正当竞争法》第 5 条第 3 款的规定，遂向原告发出了听证告知书。因原告未提出听证申请，被告遂依据《反不正当竞争法》和《产品质量法》的相关规定，于 2008 年 1 月 17 日作出了涉案行政处罚决定。涉案行政处罚决定作出后，原告不服，向上海市工商行政管理局申请复议，该局于 2008 年 4 月 21 日作出沪工商复决字（2008）第 7 号复议决定，维持涉案行政处罚决定。

原告诉称：被告工商金山分局认为原告上海罗芙仙妮化妆品有限公司

---

[1] 案号：（2008）沪一中行终字第 367 号。载《最高人民法院公报》2009 年第 11 期。

（以下简称罗芙仙妮公司）存放在上海复杉生物制品有限公司（以下简称复杉公司）仓库内的"罗芙仙妮"和"碧优泉"系列化妆品涉嫌不正当竞争，予以查扣，并作出涉案行政处罚决定。原告系依法登记的合法企业，产品上使用的系原告在香港合法登记的法国欧莱雅集团有限公司的企业名称和合法注册的"罗芙仙妮"商标等，原告未擅自使用他人的企业名称或商标。涉案行政处罚决定缺乏事实和法律依据。

被告辩称：原告罗芙仙妮公司之行为属于擅自使用欧莱雅（中国）有限公司的企业字号，足以导致消费者的误认和混淆，违反了《反不正当竞争法》的相关规定，应当依法予以处罚。被告所作行政处罚决定合法正确。

第三人述称：第三人欧莱雅（中国）有限公司（以下简称欧莱雅公司）持有在中国已成为高知名度的驰名商标"欧莱雅 L'OREAL"，是其知名字号和品牌的核心文字。原告罗芙仙妮公司使用"欧莱雅"字号无合法依据，且使相关公众产生混淆、误认，侵犯了第三人的企业名称权，构成不正当竞争，被告工商金山分局所作具体行政行为正确。

诉讼请求：请求撤销被告作出的涉案行政处罚决定具体行政行为。

法院裁判：法院认为，被告工商金山分局依据所收集的证据，认定原告罗芙仙妮公司擅自使用他人的企业名称，并足以导致消费者的误认和混淆，构成对第三人欧莱雅公司的不正当竞争，具有充足的事实依据和法律根据，并无不当。被告作出没收涉案化妆品，并对原告处以罚款涉案行政处罚决定，并无不当。

二、法律问题

如何理解第三人欧莱雅公司与本案的"利害关系"？

三、法理分析

行政诉讼第三人可分为两类：一类是与被诉行政行为有利害关系但没有提起诉讼的第三人；另一类是与案件处理结果有利害关系的第三人。对与被诉行政行为和与案件处理结果有"利害关系"的理解：[1]

---

[1]　梁凤云编著：《新行政诉讼法逐条注释》，中国法制出版社 2017 年版，第 179～181 页。

1. 同被诉行政行为有利害关系。同被诉行政行为有利害关系是指被诉行政行为对公民、法人或者其他组织的权利义务产生了实际影响。这里的实际影响主要包括"被诉行政行为造成权利的丧失或者减损"和"被诉行政行为造成义务的减少与或者增加"两种情况。

（1）被诉行政行为造成权利的丧失或者减损。这种情况是指被诉行政行为已经使公民、法人或者其他组织丧失了某种权利。例如，市政府因扩建马路决定拆除甲的房屋，但是甲的房屋已经抵押给乙，乙是抵押权人。市政府在拆除甲的房屋的决定不仅使甲丧失了房屋所有权和居住权，也使得乙的抵押权归于消灭。乙与被诉行政行为之间具有了利害关系。因为如果乙要保护其对该房屋的抵押权，必须在该被诉行政行为违法或者无效的情况下才能实现。

（2）被诉行政行为造成义务减少或增加。这种情况是指被诉行政行为为公民，法人或者其他组织设定了法律上的义务。这种义务可能是为一定行为的义务，也可能是不为一定行为的义务。为一定行为的义务，诸如甲乙二人共同为一违法行为，受到公安机关罚的行政处罚，甲不服向法院起诉，乙如不起诉，法院应当通知其作为第三人参加诉讼。因为被诉行政行为已经为乙设定了缴纳罚款的义务。不为一定行为的义务，诸如，在有关确认土地、山林草原、滩涂的使用权或者所有权的案件中，行政机关将使用权或者所有权确认给争执的一方，实际上就相当于给另一方设定了不得妨害权利方使用权或者所有权的义务。

2. 同案件处理结果有利害关系。《行政诉讼法》没有将第三人分为有独立请求权的第三人和无独立请求权的第三人，但是借鉴了无独立请求权第三人的提法规定了"同案件处理结果有利害关系的第三人"。行政诉讼中的"同案件处理结果有利害关系的第三人"和民事诉讼中的无独立请求权第三人，实际上都是将一个已经开始的诉讼和一个今后可能发生的潜在诉讼合并审理，从而达到防患未然、简化诉讼、方便当事人诉讼、化解纠纷的目的。在特定情况下，公民、法人或者其他组织虽然与被诉行政行为没有利害关系，但是与案件的处理结果有利害关系，此时，也应当允许其作为第三人参加诉讼。主要有以下三种情形：

（1）被诉行政行为虽然没有使特定公民、法人或者其他组织丧失权利，也没有给其增加义务，但是由于其是行政程序中的当事人，是行政机关所处理事项的利害关系人。如果被诉行政行为的效力或者内容发生变化或者特定机关对该事项进行重新处理，则可能与公民、法人或者其他组织的权利义务有利害关系。这种"利害关系"可能是享受一定的权利，也可能是丧失一定的权利；可能是减少一定的义务，也可能是增加一定的义务；可能是承担一定的法律责任，也可能是减免一定的法律责任。例如，甲乙二人互殴，公安机关处罚了甲，甲不服向法院起诉。公安机关的处罚决定尽管没有给乙设定特定义务，也没有给乙赋予何种权利。但是，由于乙是公安机关所处理事项的当事人，进入诉讼程序之后，如果该行政行为的效力或者内容发生变化，将使其有可能承担不利的法律后果。如果人民法院认为处罚显失公正或者事实不清，判决撤销被诉行政行为，并要求行政机关对乙也要进行处罚，这样法院对被诉行政行为的裁判实际上暗含着使乙承担法律责任的内容。因此，法院应当通知乙作为第三人参加诉讼。

（2）被诉行政行为对现存权利义务关系制造了冲突和矛盾。被诉行政行为虽然没有直接涉及有关公民、法人或者其他组织的权利或者义务，但是在事实上与该公民、法人或者其他组织现存的权利义务关系（或者职权职责关系）发生了内在的冲突或者矛盾，被诉行政行为是否有效，将关系到该公民、法人或者其他组织现存的权利义务关系（或者职权职责关系）是否发生变化。例如，城市管理部门以某公民违章建房为由对其进行了处罚。该公民不服提起诉讼，称其建筑该房时曾经过规划部门的批准，不是违章建筑，要求撤销行政机关的处罚决定。人民法院对于该案的裁判对规划部门的行政行为具有预决的效力。即如果法院维持行政机关的行政行为，就意味着规划部门的行政行为违法。如果法院撤销行政机关的行政行为，规划部门的行政行为才有可能继续生效。因此，规划部门可以作为第三人参加诉讼。

（3）被诉行政行为认定的事实造成不利法律后果。被诉行政行为虽然没有直接涉及有关公民、法人或者其他组织的权利义务，但是行政行为所认定的事实或者人民法院在审查被诉行政行为中所认定的事实，作为一种法律事实，在正常的法治状态下，势必引起对该公民、法人或者其他组织不利的法律后果，则该公民、法人或者其他组织也应被视为与被诉行政行为有法律上利害关系的人。例如，公安机关认为甲有偷窃行为而给予甲以治安处罚。甲认为，该违法行为是乙实施的，公安机关的认定事实存在错误，向人民法院起诉。在审查该被诉行政行为过程中，人民法院发现该违法行为确实不是甲而是乙所作，人民法院遂撤销被诉行政行为。本案中的乙应当被视为与案件处理结果有利害关系的人。因为，依据人民法院所确认的乙有偷窃行为这一法律事实，乙在正常的法治状态下，将会受到公安机关的处罚。

本案中，被诉行政行为是工商金山分局对罗芙仙妮公司作出的行政处罚，而作出该处罚决定的理由为：罗芙仙妮公司生产、销售的两个涉案系列化妆品标有"法国""欧莱雅"字样，而"欧莱雅"是第三人欧莱雅公司企业名称中的字号，同时作为国际品牌的商标也已成为我国重点保护的商标和驰名商标，罗芙仙妮公司生产、销售的"碧优泉"系列化妆品上的品牌、商标标识足以导致消费者的误认和混淆，构成对第三人欧莱雅公司的不正当竞争。可见，欧莱雅公司虽然与被诉行政行为本身没有利害关系，但与案件的处理结果有利害关系，即如果被诉行政行为被确认违法或者撤销，将会使欧莱雅公司承担不利的法律后果。因此，欧莱雅属于与案件处理结果有利害关系的第三人。

四、参考意见

修改后的《行政诉讼法》（2014）规定了两类行政诉讼第三人：一类是与被诉行政行为有利害关系但没有提起诉讼的第三人；另一类是与案件处理结果有利害关系的第三人。与被诉行政行为有利害关系是指被诉行政行为对公民、法人或者其他组织的权利义务产生了实际影响。一般可分为权利关系第三人和义务关系第三人。权利关系第三人是指由于其权利受到了行政行为不利益处分的消极影响，参加到行政诉讼中来，提出自己独立诉讼主张的公民、法人或其他组织。义务关系第三人是指由于其权利受到被诉行政行为授益处分的积极影响，或者参与了不利益行政行为，而未被列为被告或不具备被告资格，参加到行政诉讼中，提出自己独立的主张的诉讼参加人。与案件处理结果有利害关系的第三人是指，虽然第三人与被诉行政行为不具备直接的利害关系，但是案件处理结果会间接影响到该第三人的合法权益，这种第三人也可称为事实关系第三人。事实关系第三人与被诉行政行为有某种事实上的牵连，其参加诉讼便于查清事实，经过该第三人申请或由人民法院通知参加到行政诉讼中来，并提出自己独立的主张。这种第三人参与到行政诉讼中，不仅因为其与案件事实有某种联系，便于在审理过程中查清事实、分清责任，而且因为案件的判决结果会间接影响到该第三人。

拓展案例

张恒某诉昆明市西山区人民政府行政协议履行案[1]

一、基本案情

昆明市西山区人民政府（以下简称西山区政府）于 2009 年 11 月 20 日作出西政复〔2009〕490 号《昆明市西山区人民政府关于委托西山区螺蛳湾中央商务区（二级 CBD）建设指挥部负责螺蛳湾中央商务区规划范围内建（构）筑物拆迁拆除及回迁安置的批复》，决定委托区螺蛳湾中央商务区（二级 CBD）建设指挥部负责螺蛳湾中央商务区规划范围内建（构）筑物拆迁拆除及回迁安置等相关工作。2010 年 4 月 8 日，原告张恒某与昆明市西山区螺蛳湾中央商务区（二级 CBD）建设指挥部及容成拆迁公司，三方签订了协议编号为 14H – 1000《螺蛳湾商业片区商业业态升级改造暨螺蛳湾中央商务区（二级 CBD）建设项目房屋拆迁产权调换安置补偿协议》。原告张恒某认为被告西山区政府未按照该安置补偿协议的约定及时发放过渡费，故向法院起诉西山区政府。被告西山区政府辩称：①被告不是涉案安置补偿协议的缔约方，且该协议属于民事合同，不属于人民法院行政诉讼受案范围。②原告在起诉时遗漏重要诉讼当事人容成拆迁公司。③昆明市西山区螺蛳湾中央商务区（二级 CBD）建设指挥部已按《补偿协议》约定支付过渡费等给原告，原告诉讼请求无事实及法律依据。

二、法律问题：

1. 西山区政府是否为本案适格被告？

2. 容成拆迁公司是否应当被追加为本案第三人？

---

[1] 选自北大法宝网站推荐案例，法宝引证码：CLI. C. 74047280，案号：（2016）云 01 行初 29 号。

三、重点提示

西山区政府虽不是安置补偿协议的缔约当事人，但本案中螺蛳湾中央商务区规划范围内建（构）筑物拆迁拆除及回迁安置等相关工作系西山区政府委托给西山区螺蛳湾中央商务区（二级 CBD）建设指挥部负责实施，依据《2018 年司法解释》第 20 条第 3 款规定："没有法律、法规或者规章规定，行政机关授权其内设机构、派出机构或者其他组织行使行政职权的，属于行政诉讼法第 26 条规定的委托。当事人不服提起诉讼的，应当以该行政机关为被告。"西山区政府应当是安置补偿协议的履约主体，即西山区政府系本案的适格被告。容成拆迁公司系安置补偿协议的缔约方之一，与本案存在利害关系，依法应追加为第三人参加诉讼。

阅读资料

二维码 2－5

| 第三章 |

证　据

　　诉讼证据是诉讼主体用来证明案件真实情况的一切材料。行政诉讼证据就是在行政案件中行政诉讼主体用以证明行政案件真实情况的一切材料。诉讼的关键就是举证，证据的有无与证明力大小，直接关系当事人的胜败，从一定意义上说，打官司就是打"证据"。另外，强化行政诉讼中的证据观念，也是在向行政执法过程传递法治信号，规范行政机关行为有据、依法办事。因此，证据制度在行政诉讼法中具有重要的意义。

　　本章的基本观点为：证据是证明的工具，证明对象是证明的目的。证据的特征包括关联性、合法性、真实性。合法性是证据可采性的基础，谈到合法性就必须谈到举证主体与举证责任，必须谈到取证行为的合法性与举证行为的合法性。具有合法性，法官则结合关联性、真实性考察证据链的证明力，决定待证事实是否成立，而这需要借助证明标准去判断。

专题一　证明对象与证据的特征

📚 知识概要

　　行政诉讼的证明对象是指需要运用证据证明的行政案件事实，包括实体法事实和程序法事实和证据事实。实体法事实是指与行政法中行政行为有关的事实，包括行政行为是否有法律依据以及行政行为是否具备法律规定的要件。程序法事实是指与行政诉讼法中程序有关的事实，比如有关当事人资格、回避、延长诉讼期限、证据保全的事实。证据事实是指因相关事实，证据本身被证明具有关联性、合法性、真实性，达到了法律规定的标准，可以成为定案的依据。

证据的关联性、合法性、真实性是证据的三个特征。①证据的关联性。其指诉讼证据与待证事实具有内在联系，有证明价值。关联性在具体案件中因为具体的法律规范和案情而各有不同。②证据的真实性。即客观性，指证据是客观存在的，不是主观臆造的。关于证据真实性，《行政诉讼证据规定》第 57 条规定下列证据材料不能作为定案依据："当事人无正当理由拒不提供原件、原物，又无其他证据印证，且对方当事人不予认可的证据的复制件或者复制品"；"被当事人或者他人进行技术处理而无法辨明真伪的证据材料"；"不能正确表达意志的证人提供的证言"。③证据的合法性。其指证据的取得和使用过程中，其形式与内容、主体对象与手段都是符合法律规定的。一是形式上的合法性。《行政诉讼法》第 33 条规定了八种形式，书证、物证、视听资料、电子数据、证人证言、当事人的陈述、鉴定意见、勘验笔录、现场笔录。二是取证上的合法性。《行政诉讼法》第 43 条做了相关禁止性规定，以非法手段取得的证据，不得作为认定案件事实的根据；《行政诉讼证据规定》第 57 条禁止取证"严重违反法定程序"、第 58 条"侵犯他人合法权益"。三是质证上的合法性。《行政诉讼证据规定》第 39 条规定了质证的内容，即"证据的关联性、合法性和真实性"，以及"证据有无证明效力以及证明效力大小"。同时也规定了质证时的合法发问规则，即"经法庭准许，当事人及其代理人可以就证据问题相互发问，也可以向证人、鉴定人或者勘验人发问"，"当事人及其代理人相互发问，或者向证人、鉴定人、勘验人发问时，发问的内容应当与案件事实有关联，不得采用引诱、威胁、侮辱等语言或者方式。"

📖 经典案例

上海温和足部保健服务部诉上海市普陀区
人力资源和社会保障局工伤认定案[1]

一、基本案情

案件事实：吴某海在上海温和足部保健服务部（以下简称温和足保部）

---

〔1〕 案号：（2015）沪二中行终字第 464 号。载《最高人民法院公报》2017 年第 4 期。

工作，2013 年 12 月 23 日，其工作中突发疾病并于次日抢救无效死亡。何某美、吴某波两人系死者吴某海的妻子和儿子，二人与温和足保部就赔偿事宜发生纠纷。2014 年 8 月 19 日，上海市普陀区劳动人事争议仲裁委员会作出普劳人仲（2014）办字第 2570 号裁决书，认定吴某海与原告温和足保部自 2012 年 12 月 20 日至 2013 年 12 月 24 日存在劳动关系。2014 年 10 月 13 日，何某美、吴某波两人向被告上海市普陀区人力资源和社会保障局（以下简称普陀区人保局）提出申请，要求对吴某海死亡进行工伤认定。2014 年 10 月 22 日，普陀区人保局受理并进行了工伤认定调查，同年 12 月 19 日作出普陀人社认（2014）字第 1194 号认定工伤决定，认为吴某海受到的伤害符合《工伤保险条例》与《上海市工伤保险实施办法》的规定，属于视同工伤范围。上海温和足保部对普陀区人保局的工伤认定不服，因此向上海市普陀区人民法院提起诉讼。

原告诉称：被告普陀区人保局作出工伤认定未查清死者吴某海的工作时间、工作岗位及死亡原因，事实认定不清，法律适用错误。

被告辩称：根据四份证据，人保局认为，吴某海于 2013 年 12 月 23 日工作时突发疾病，当日送同济医院救治，次日死亡。吴某海受到的伤害，符合《工伤保险条例》第 15 条第 1 款第 1 项之规定、《上海市工伤保险实施办法》第 15 条第 1 款第 1 项之规定，属于视同工伤范围，现予以视同为工伤。因此，被诉行政行为认定事实清楚、适用法律正确、程序合法，请求驳回原告温和足保部诉请。

被告证据：存在四份证据：①普劳人仲（2014）办字第 2570 号上海市普陀区劳动人事争议仲裁委员会裁决书；②普陀区人保局对原告温和足保部投资人吴建煌等的调查笔录；③上海市同济医院门急诊病历；④居民死亡医学证明书。

诉讼请求：请求法院撤销被诉行政行为。

一审法院裁判：驳回原告上海温和足部保健服务部的诉讼请求。

一审宣判后，温和足保部不服，向上海市第二中级人民法院提起上诉。

二审原告诉称：吴某海发病时非工作时间，死亡地点不明，吴某海患肝硬化，并非突发疾病，也不是经抢救无效死亡，而是慢性病发作并主动放弃治疗所导致。吴某海家属租用非正规救护车运送吴某海回乡，上海化学工业区医疗中心出具的居民死亡医学证明书日期有不当涂改，上述证据真实性存疑。二审被告普陀区人保局认定事实不清，证据不足。

二审被告辩称：居民死亡医学证明书由上海同济医院出具且形式完整合法。救护车是亡者同事通过 120 拨打而来，有通话记录为证。根据居民死亡医学证明书、吴某海病史材料等证据可以证明吴某海是在工作时间、工作岗位上突发疾病送医救治，在 48 小时之内经抢救无效死亡的。被诉工伤认定决定事实清楚、证据充分、程序合法、适用法律正确。

二审原告诉讼请求：请求二审法院撤销一审判决及普陀区人保局所作工伤认定决定。

法院裁判：一审法院判决驳回温和足保部的诉讼请求并无不当。二审原告的上诉请求和理由缺乏事实证据和法律依据，法院不予支持。据此，上海市第二中级人民法院依照《行政诉讼法》第 89 条第 1 款第 1 项的规定，于 2015 年 10 月 26 日判决维持原判。

二、法律问题

1. 该案行政主体需要举证的实体法事实是什么？
2. 死亡医学证明的真实性。
3. 吴某海返乡途中身亡时运送车辆是否属于急救车，该问题的证据是否具有关联性、合法性、真实性？

三、法理分析

1. 本案争议焦点是普陀区人保局作出的工伤认定书的合法性、合理性，被告人保局对工伤认定书合法性、合理性负有举证责任，应该提供相关证据。普陀区人保局的证明对象包括实体法事实和程序法事实和证据事实。本案的实体法事实包括工伤认定依据的相关法律规范（即行政诉讼中，法律依据也是需要行政主体举证证明存在的对象），还包括该相关法律规范中规定的要件事实。

从案情描述中我们可以看出：首先，被告普陀区人保局具有作出被诉工伤认定的法定职权。其次，被告行政程序合法。被告在亡者家属的工伤认定申请后的 10 日内受理了申请，并在其后法定期限 60 日内，依法进行了调查而作出被诉工伤认定决定，并送达亡者家属与原告双方。再次，具有相关法律规范为依据。被告提出两个法律文本，分别是一般法《工伤保险条例》与特别法《上海市工伤保险实施办法》。《工伤保险条例》第 15 条第 1 款第 1 项规定，职工"在工作时间和工作岗位，突发疾病死亡或者在 48 小时之内经抢救无效死亡的"，视同工伤。《上海市工伤保险实施办法》第 15 条第 1 款第 1 项规定，职工"在工作时间和工作岗位，突发疾病死亡或者在 48 小时之内经抢救无效死亡的"，视同工伤。最后，还要考虑该工伤认定行为是否具有上述法律规范规定的要件事实。

从上述《工伤保险条例》等法规、规章可以总结出死亡工伤认定需要四个要件事实：其一是在工作时间；其二是在工作岗位；其三是其突发疾病；其四是当场或者 48 小时内经抢救无效死亡。对于前两个要件事实，原、被告双方没有争议。对于是否属于要件三所要求的"突发疾病"：原告温和足保部认为，死者死于慢性病肝硬化，不属于"突发疾病"；被告则根据证据"上海市同济医院门急诊病历"与证据"居民死亡医学证明书"主张该要件事实成立。对于要件四所要求的"经抢救无效"：原告根据死者死于救护车而非救治医院，且救护车是化学工业区医疗中心救护车而上海医疗急救中心救护车，认为死者是主动放弃医疗而死，不属于"经抢救无效"；被告则根据死亡医学证明以及 120 通话记录，认为死者属于"经抢救无效"（可以认为死者从发病到死亡一直处于合法合理的抢救状态）。

行政机关做出的决定是否做到"证据确凿"是本案的关键，即案件的焦点问题在于被诉行政行为所用的证据是否符合合法性、真实性、关联性的要求。如果被告行政主体提出的温和足保部员工的调查笔录及吴某海的病历材料、居民死亡医学证明书等证据材料具有关联性、合法性、真实性，则可以成为认定事实的依据。而依据相关证据，便可以认定吴某海于 2013 年 12 月 23 日工作时突发疾病，当日送同济医院救治，次日死亡的事实属实。

因此，围绕被告的证据三个问题，原告进行了反驳，被告则进行了相应的辩护与论证：

第一，吴某海死亡医学证明这一证据材料是否具有真实性。原告主张"死亡日期"的月份处有涂改，真实性存疑。被告则辩称该涂改不影响对吴某海死亡时间的认定。针对该反驳与辩护，应该承认该医学证明的内容真实性确有瑕疵。但出具该证明的医学机构为上海同济医院，具有较强的资质和可信度；以及该证明虽然在"死亡日期"的月份处有涂改，但形式要件完整齐备；同时综合其他人证、物证，死亡日期未与其他证据相矛盾。因此该月份记载瑕疵不影响本死亡证明的真实性，故该证据的真实性应予以认可。

第二，吴某海返乡途中身亡时运送车辆是否属于急救车。原告温和足保部认为，如果不是急救车，吴某海则不属于《工伤保险条例》中"经抢救无效"。被告针对性地提出两个证据。一个是死亡医学证明书写明相关车辆为急诊救护车；另一个是拨打 120 的通话记录。①死亡证明在车辆记载方面具有真实性、关联性、合法性。虽然前述提及该证明在日期记载方面有瑕疵，但是车辆记载并不受该日期瑕疵影响，在证明车辆的救护车属性方面具有真实性；而且该死亡证明对于车辆属性，属于直接证据能独立证明其属于急救车，该证明具有关联性；同时三甲医院的死亡鉴定人员具有相应理性去判断车辆是否属于急救车，主体合法，该证明具有合法性。②有通话记录这一证据补强。根据通话记录，车辆确实是通过拨打 120 电话的正规途径呼叫的救护车，即使该救护车不属于上海市医疗急救中心所有，也应当认定为正规救护车。因此原告提出的运送吴某海回乡的救护车为非正规救护车的观点不成立。

第三，针对吴某海是否属于《工伤保险条例》中"经抢救无效"，原告温和足保部认为吴某海死亡系家属主动放弃治疗运送其回乡而导致。从吴某海发病后被送至同济医院治疗直至在救护车上死亡，其始终未脱离医疗机构的治疗抢救状态，其家属始终未有拒绝接受救治的意思表示，故原告的上述主张不能成立。

四、参考意见

本案证明对象主要为实体法事实，包括工伤认定的法律依据以及该法律规定的相应要件事实。双方对要件事实的"突发疾病"与"经抢救无效"存在争议。被告针对原告的反驳，提供了死亡医学证明与第三人的 120 通话记录，并论证了相关证据的关联性、合法性与真实性以及证据与待证事实的关系，从而证明了相关要件事实。因此该工伤认定决定做到了主体有权、程序合法、证据充分、适用法律正确，行政行为合法性得到了确认。

📖 拓展案例

张某著诉芜湖市人事局公务员招考行政录用决定纠纷案[1]

一、基本案情

2003 年 6 月，原告张某著在芜湖市人事局报名参加安徽省公务员考试，报考职位为芜湖县委办公室经济管理专业。经过笔试和面试，综合成绩在报考该职位的 30 名考生中名列第一，按规定进入体检程序。2003 年 9 月 17 日，张某著在芜湖市人事局指定的铜陵市人民医院的体检报告显示其乙肝两对半中的 HBsAg、HBeAb、HBcAb 均为阳性，主检医生依据《安徽省国家公务员录用体检实施细则（试行）》确定其体检不合格。张某著随后向芜湖市人事局提出复检要求，并递交书面报告。同年 9 月 25 日，芜湖市人事局经请示安徽省人事厅同意，组织包括张某著在内的 11 名考生前往解放军第八六医院进行复检。复检结果显示，张某著的乙肝两对半中 HBsAg、抗－HBc（流）为阳性，抗－HBs、HbeAg、抗－Hbe 均为阴性，体检结论为不合格。依照体检结果，芜湖市人事局依据成绩高低顺序，改由该职位的第二名考生进入体检程序。并以口头方式向张某著宣布，张某著由于体检结论不合格而不予录取。2003 年 10 月 18 日，张某著在接到不予录取的通知后，表示不服，向安徽省人事厅递交行政复议申请书。2003 年 10 月 28 日，安徽省人事厅作出皖人复字（2003）1 号《不予受理决定书》。2003 年 11 月 10 日，原告张某著以被告芜湖市人事局的行为剥夺其担任国家公务员的资格，侵犯其合法权利为由，向本院提起行政诉讼。

原告诉称：被告芜湖市人事局作为公务员招考的人事管理机关，仅仅根据原告在乙肝两对半检查中 HBsAg、抗－HBc（流）为阳性的事实，就确定原告不符合公务员身体健康标准，剥夺了原告担任国家公务员的资格和劳动权利。原告的证据材料有：①《芜湖市第二人民医院检验报告单》2 份和《皖南医学院弋矶山医院检验报告单》，以此证明原告的乙肝两对半检查仅为"一、五阳"。②卫生部《病毒性肝炎防治方案》，以此证明原告的身体状况

---

〔1〕　案号：（2003）新行初字第 11 号。选自"推动中国法治进程十大行政诉讼典型案例"。

· 73 ·

是符合公务员职业要求的，被告所依据的规范性文件不合法。

被告辩称：被告严格执行招录公务员政策，整个招录工作过程体现了公平、公开、公正，完全符合法律规定。原告张某著体检不合格是未被准许进入考核程序继而不能录取的唯一原因，被告的具体行政行为合法。原告要求法院判决准许原告被录用为公务员的请求，没有法律依据，请求人民法院依法驳回其诉讼请求。被告的证据材料有：①铜陵市人民医院关于三十五号考生即张某著的检验报告单、录用体格检查表，以此证明原告在铜陵市人民医院的体检结论为不合格以及复检发生的原因。②解放军第八六医院关于11号考生即张某著的检验报告单、录用体格检查表、关于体检不合格的证明，以此证明原告在解放军第八六医院的复检结论为不合格。③《国家公务员暂行条例》和《国家公务员录用暂行规定》，以此证明被告招录国家公务员的法律依据。④安徽省人事厅《关于印发〈安徽省国家公务员录用实施办法〉几个配套实施细则（试行）的通知》，其中包括《安徽省国家公务员录用体检实施细则（试行）》，以此证明被告招录国家公务员的标准。⑤中共安徽省委组织部、安徽省人事厅《关于印发〈安徽省2003年考试录用国家公务员（机关工作人员）工作实施方案〉的通知》及《安徽省2003年考试录用国家公务员（机关工作人员）工作实施方案》；《芜湖市2003年考试录用国家公务员（机关工作人员）实施意见》；安徽省考录办《关于认真做好2003年考试录用国家公务员（机关工作人员）体检、考核、公示和审批录用工作有关具体问题的通知》；中共芜湖市委组织部、芜湖市人事局《2003年考试录用国家公务员（机关工作人员）公告》（第一号）。

诉讼请求：原告请求法院依法判令被告认定原告体检"一、五阳"（HBsAg、HBcAb 阳性）不符合国家公务员身体健康标准，并非法剥夺原告进入考核程序资格而未被录用到国家公务员职位的具体行政行为违法；判令撤销被告不准许原告进入考核程序的具体行政行为，依法准许原告进入考核程序并被录用至相应的职位。

法院裁判：法院经审查认定，确认被告芜湖市人事局在2003年安徽省国家公务员招录过程中作出取消原告张某著进入考核程序资格的具体行政行为主要证据不足。

二、法律问题

1. 被告提供的第一组证据（铜陵市人民医院初检的体检报告单）合法性。

2. 被告提供的第二组证据（解放军第八六医院复检的体检不合格证明）合法性。

3. 原告提供的第一组证据（芜湖市第二人民医院检验报告单 2 份、皖南医学院弋矶山医院检验报告单）的真实性。

4. 原告提供的第二组证据（卫生部《病毒性肝炎防治方案》）的关联性。

5. 被告提供的第四组法律依据的合法性。

三、重点提示

1. 初检在铜陵市人民医院，复检在解放军第八六医院，在复检体检须知第 8 条明确规定：本次检查为最终检查。

2. 《安徽省国家公务员录用体检实施细则（试行）》中并未规定乙肝两对半检查中"一、五阳"属体检不合格，也未授予体检医院以解释权。

3. 在招录国家公务员的程序中，原告并未提供该组证据。

4. 卫生部《病毒性肝炎防治方案》关于乙肝病毒携带者的管理规定与《安徽省公务员录用体检实施细则（试行）》中有关公务员健康标准的规定系国家有权机关基于不同的管理目的而作出。

5. 《安徽省公务员录用体检实施细则（试行）》来源于人事部《国家公务员录用暂行规定》的明确授权。

📖 阅读资料

二维码 3-1

专题二　被告的举证责任

🔖 知识概要

举证责任，也称证明责任，是指由法律预先规定，在行政案件的真实情况难以确定的情况下，由一方当事人提供证据予以证明，如果他提供不出证明相应事实情况的证据，则承担败诉风险与不利后果的制度。

诉讼中双方当事人举证的目的在于证实自己主张的事实，证伪对方主张的事实，从而使建立在自己主张的事实之上的诉求被法院支持。而对一个事实的证明情况有三种，证实、证伪以及在两者中间的真伪不明。当事实被证实与证伪时，当事人的诉求自然就明确地被法院支持与不支持，但事实真伪不明时该怎么办呢？举证责任的出现就为了解决这个问题，即负有举证责任的当事人，在一件事真伪不明时承担不利后果。此时，如果证实一件事对其有利，则推定此事被证伪；如果证伪一件事对其不利，则推定此事被证实。

在诉讼中证明达到证明标准便使得当事人的主张得以成立，但大部分情况下是没法达到标准的，即当事人主张大部分情况下处真伪不明的状态。因此举证责任由谁承担往往决定了其胜诉或败诉，也因此举证责任的分配规则就在诉讼中具有了重要的作用。

原告主张，被告举证，是行政诉讼举证的基本规则。《行政诉讼法》第34条规定，被告对作出的行政行为负有举证责任，应当提供作出该行政行为的证据和所依据的规范性文件。也就是说，在行政诉讼中，被起诉的行政机关要对自己被起诉的行政行为的合法性承担证明责任。

这有三方面的意义：①有利于促进行政主体依法行政，因为法律要求行政行为必须有法律的根据，必须遵循法定的职权范围和程序，行政法治天然要求其对合法性进行举证；②有利于保护原告行政相对人的诉权，行政相对人在行政程序中相对弱势的地位需要证据规则对其倾斜，以保证原被告双方在诉讼中的实质平等；③有利于事实的发现，充分发挥被告的举证优势。

而原告在行政诉讼中也对相关事实负有举证责任：①证明起诉符合起诉条件，这主要是为了避免滥诉，节约司法资源；②在起诉被告不作为的案件中，原告应证明其提出过申请[1]，因为在相关案件中，被诉行政行为往往是依申请行政行为[2]，没有申请，行政机关不得主动为之；③在行政赔偿补偿案件中，原告对损害的存在和大小应当承担举证责任，因为只有原告才最能对自己遭受的损害举证。

经典案例

沙某保等与马鞍山市花山区人民政府房屋
拆迁行政赔偿行政纠纷上诉案[3]

一、基本案情

2011年12月5日，安徽省人民政府作出皖政地（2011）769号《关于马鞍山市2011年第35批次城市建设用地的批复》，批准征收花山区霍里街道范围内农民集体建设用地10.04公顷，用于城市建设。2011年12月23日，马鞍山市人民政府作出2011年37号《马鞍山市人民政府征收土地方案公告》，将安徽省人民政府的批复内容予以公告，并载明征地方案由花山区人民政府实施。苏某华名下的花山区霍里镇丰收村丰收村民组B11-3房屋在本次征收范围内。苏某华于2011年9月13日去世，其生前将该房屋处置给四原告所有。原告古某英系苏某华的女儿，原告沙某保、沙某虎、沙某莉系苏某华的外孙。在实施征迁过程中，征地单位分别制作了《马鞍山市国家建设用地征迁费用补偿表》《马鞍山市征迁住房货币化安置（产权调换）备案表》，对苏某华户房屋及地上附着物予以登记补偿，原告古某英的丈夫领取了安置补偿款。2012年年初，被告组织相关部门将苏某华户房屋及地上附着物拆除。

原告诉称：①2012年初，马鞍山市花山区人民政府对涉案农民集体土地进行征收，未征求公众意见，原告亦不知以何种标准予以补偿；②2012年8

---

〔1〕《2018年司法解释》第54条第1款规定：公民、法人或者其他组织提起诉讼时应当提交以下起诉材料：①原告的身份证明材料以及有效联系方式；②被诉行政行为或者不作为存在的材料；③原告与被诉行政行为具有利害关系的材料；④人民法院认为需要提交的其他材料。

〔2〕《行政诉讼法》第38条第2款规定：原告因正当理由不能提供证据的。在行政赔偿、补偿的案件中，原告应当对行政行为造成的损害提供证据。

〔3〕案号：（2015）皖行赔终字第00011号。选自最高人民法院指导案例91号。

月 1 日，马鞍山市花山区人民政府对原告的房屋进行拆除的行为违法，事前未达成协议、未告知何时拆迁，屋内财产未搬离、未清点，所造成的财产损失应由马鞍山市花山区人民政府承担举证责任；③2012 年 8 月 27 日，原告沙某保、沙某虎、沙某莉的父亲沙某金受胁迫在补偿表上签字，但其父沙某金对房屋并不享有权益且该表系房屋被拆后所签。

原告证据：①身份证复印件 4 份，证明原告的身份；②房屋产权情况说明 1 份、死亡证明 1 份、房屋照片 16 张，证明涉案房屋归原告所有以及房屋被拆除前的使用状况；③诉求信 1 份、收条 1 份，证明涉案房屋遭被告拆除后，原告即向被告提出诉求；④答复意见、处理意见各 1 份，证明原告不断提出要求处理，被告所属征管局对原告请求给予的答复、复核、处理意见；⑤行政裁定书 1 份，证明原告以花山区征管局为被告向花山区人民法院提起诉讼；⑥财产损失清单 1 份，证明原告物品损失 100 000 万元，包括衣服、家具、手机，以及价值 4 万元的实木雕花床。

被告未作书面答辩。被告证据：①安徽省人民政府于 2011 年 12 月 5 日作出的皖政地（2011）769 号《关于马鞍山市 2011 年第 35 批次城市建设用地的批复》；②马鞍山市人民政府于 2011 年 12 月 23 日作出的 2011 年第 37 号《马鞍山市人民政府征收土地方案公告》；③苏某华、古某英、沙某金的户口证明复印件各 1 份；④迁移证复印件 1 份；⑤《马鞍山市国家建设用地征迁费用补偿表》；⑥生活困难、大病救助等发放表；⑦《宁安城际铁路站前广场房屋拆迁补偿发放表》；⑧《住房货币化安置备案表》。以上证据证明被告在实施整个征迁过程中征迁行为合法，被告对原告依法进行了补偿。

诉讼请求：请求法院判决赔偿屋内损失 100 000 元。

法院裁判：判决被告马鞍山市花山区人民政府房屋强制拆除行为违法，且赔偿沙某保、沙某虎、沙某莉、古某英被拆房屋内物品损失 8 万元。

二、法律问题

1. 关于原告的起诉资格，谁负有举证责任，如何证明？

2. 关于强制拆除行为的合法性，谁负有举证责任，如何证明？

3. 关于赔偿请求成立及大小，谁负有举证责任，如何证明？

三、法理分析

本案花山区霍里镇丰收村丰收村民组 B11－3 房屋被花山区人民政府拆除，沙某保等四人主张权利。其认为自己是房屋的所有权人；花山区政府拆除行为违法；花山区政府应当赔偿拆除行为造成的损失并对损失大小负有举证责任。

第一，原告对房屋享有的权利涉及原告的起诉资格，依法属于原告的举证责任。对此原告举证：①身份证复印件 4 份；②房屋产权情况说明 1 份；③苏某华死亡证明 1 份。原告的三份证据意图证明：①沙某保等四人是苏某华的法定继承人；②B311－3 号房屋属于苏某华生前所有；③苏某华已死亡，生前财产包括 B311－3 号房屋由沙某保等人继承。这三份证据构成证据链，证明了沙某保等人是房屋现在的所有权人。另外，已查证花山区政府对涉案房屋存在拆除行为，因此沙某保等人与被告行政行为具有利害关系，是适格原告，具有起诉资格。

第二，依照《行政诉讼法》第 34 条，被告对拆除房屋这一行政行为合法性负有举证责任。对此，被告提供了上述 8 份证据。其一，《马鞍山市国家建设用地征迁费用补偿表》无效。沙某金受胁迫在补偿表上签字，但沙某金对房屋并不享有权益，并且该表系房屋被拆后所签，因此被告的拆迁行为并未经过原告同意，属于强制拆除。其二，《土地管理法实施条例》清晰地指出县政府没有强制拆除房屋的执行权。但本案被告花山区人民政府并无证据证明沙某保等 4 人已自愿交出被征土地及其地上房屋，也没有证据表明土地行政主管部门责令沙某保等人交出土地，更未申请人民法院强制执行，而是自己强行拆除了房屋，其合法性确定性地不成立。

第三，原告因被告的原因导致无法举证损害的存在，根据《行政诉讼法》第 38 条规定由被告承担举证责任，举证不能则按照市场价格计算损失。首先，本案存在法律中规定的"因被告的原因"。原被告双方事前未达成协议、被告未告知何时拆迁，拆迁时原告屋内财产未搬离未清点，因此原告无法举证损害大小是由于被告原因，被告应当举证。其次，被告对损害无法举证。被告组织拆除原告的房屋时，未依法对屋内物品登记保全，未制作物品清单并交原告签字确认，致使原告无法对物品受损情况举证的同时也无法依有效证据证明损害大小。最后，本案只能由法官依照一般生活经验以及市场通行规则估计损失。对于原告主张的屋内物品包括衣服、家具、手机等，均系日常生活必需品，符合一般家庭实际情况，且被告亦未提供证据证明这些物品不存在，故对原告主张的屋内物品种类、数量予以认定。对于物品价值方面，未超出正常、合理的市场价范围，法官依法予以采信。

四、参考意见

举证责任的分配问题属于诉讼中的关键问题。出于依法行政原则，行政诉讼法中规定了由行政机关对行政行为合法性负举证责任。但是行政诉讼中的原告也依法律规定对相应事项负有举证责任。比如本案中行政赔偿的损害问题（虽然本案适用了除外规定，仍由被告对之举证）。可以看出，在实际审判中，事情的真相往往由于已经过去再也不可能原原本本地呈现，绝对真实在诉讼中不存在，存在的只有依据证据规则塑造的法律真实，以及真伪不明时由证明责任人承担不利后果。

拓展案例

联合利华（中国）有限公司不服上海市工商行政管理局卢湾分局行政处罚案[1]

一、基本案情

被告于 2007 年 4 月 4 日立案，后经上海市工商行政管理局授权，对原告的"力士焕然新生"系列洗护发化妆品广告用语涉嫌虚假广告开展统一调查处理。为此，原告向被告提供了国家香料香精化妆品质量监督检验中心的 8 份证明、联合利华研究发展中心洗发水研究组的广告用语的技术支持文件和联合利华亚洲检测中心检测报告的三组证据，其中包括对原告产品功效作了"经 5 次洗发后，能有效帮助修复分叉，防止头发脆弱易断"等描述；同时被告也采集了上海市医学会专家会议纪要等相关证据材料。2007 年 4 月 16 日，香料香精中心出具情况说明，声明其是国家授权对化妆品进行感官、理化、卫生及相关主要质量指标进行检验的机构。其出具的 8 份证明是依据原告提

---

[1] 案号：（2008）行终字第 325 号。

供的产品资料进行审核的结果，对受损头发修复没有国家标准。9 月 7 日香料香精中心又书面说明其向原告出具的 8 份证明无效。原、被告双方对广告中的"14 天紧急修复严重受损发质"的用语是否构成"虚假广告"存在争议。被告举证说明发质受损是一个不可逆转的结果，对受损发质不能进行生物学意义上的修复。对此，原告表示其宣传的修复含义是产品在化妆品行业中所理解的物理外观上的美容修饰概念，"14 天"的表述是基于使用 5 次后的效果结合洗发习惯的推算和广告上的演绎而来。被告认为原告构成了虚假广告，于 2007 年 11 月 29 日作出行政处罚决定。一审法院认为在原告向被告提供的三组证据中，对产品功效的描述仅是"使用 5 次，能有效帮助修复分叉，防止头发脆弱易断"等内容的主观描述，与原告广告中的"14 天""紧急修复""严重受损发质"等用语所高度确定的保证内容难以达成一致。因此一审判决维持行政处罚决定，随后原告提起上诉。

原告诉称：①依照行政诉讼举证责任分配原则，要求原告承担对广告用语真实性、准确性的证明责任，于法无据。原审进而以原告的证据不足以证明广告产品达到广告宣传效用，判决原告败诉，免除了行政诉讼中行政机关法定的举证责任，与法相悖。②原审对虚假广告的定义为"属于引人误解的广告宣传"，有悖于《中华人民共和国广告法》的相关规定，是对法律的错误理解。③被告认定涉案广告用语从广告受众理解，已经超越了化妆品美容的修饰护理效果。该认定属于主观臆断，缺乏依据。④被告仅凭"上海市医学会专家纪要"，认定受损头发无法实现自我修复或生物意义上的修复，没有向消费者和化妆品行业专家进行调查，尚未达到认定事实清楚、证据确凿的证明标准。⑤被告违反法定程序，在作出行政处罚后继续补充收集证据。⑥被告曾经审核并准予原告发布同样宣传修复功效内容的户外广告。

被告辩称：已经依法承担了举证责任，所提交的证据能够证明涉案广告内容没有科学依据。原告的证据不足以反驳被告证据。原告的广告内容已经超越了化妆品功效进入医学领域，所以被告提交"上海市医学会专家纪要"足以证明涉案广告内容的不真实。在被告作出行政处罚前，被告已经将所有的证据在听证会上出示，证据并未失效。原告原来通过审批的户外广告不含"14 天紧急修复"的内容，与本案涉案广告并不一致。原告通过了户外广告的审批并不等于广告就是合法的。被告为了保护消费者合法利益而作出本案的处罚，并无不当。原审判决认定事实清楚，适用法律正确。

二、法律问题

1. 关于行政处罚决定的合法性，谁负有举证责任？
2. 关于行政处罚决定的合法性，其是否尽到了举证责任？

三、重点提示

1. 行政管理机关负有对其作出的具体行政行为举证的责任。

2. 由于广告用语的特殊性，其在对外宣传过程中所传达的概念，并非由广告主的主观意愿所决定。如果因为广告用语中的措辞表达，可能造成消费者对产品功效产生误解和歧义，以致对广告产品功能有过高期望值，从而影响消费者的购买决策行为的，系引人误解的广告宣传。

📚 阅读资料

二维码 3 - 2

专题三 被告取证的规则

📚 知识概要

出于特定的立法目的，我国法律规定了被告（行政机关）的取证期限但并未对原告（行政相对人）做相关规定。关于取证期限，《行政诉讼法》规定在诉讼过程中被告及其诉讼代理人不得自行向原告、第三人和证人收集证据。这一被告取证限制性规定的立法目的主要在于：一方面是为了促使作为被告的行政主体在行使职权的过程中能切实做到"先取证，后裁决"，严格依法行政；另一方面是为了确保行政诉讼证据的真实性和合法性。在诉讼过程中，原则上不允许被告自行向原告、第三人和证人收集证据，但是经过法院允许，存在另种情形的例外：一是被告在作出具体行政行为时已经收集证据，但因不可抗力等正当事由不能提供的；二是原告或者第三人在诉讼过程中，提出了其在被告实施行政行为过程中没有提出的反驳理由或者证据的。

取证期限合法性要求属于案件排他原则在行政诉讼法中的应用。案件排他原则一方面要求在行政程序中，行政机关只能以行政案卷作为行政行为的依据，而不能以没有进入卷宗的证据作为行为依据；另一方面要求在行政诉讼程序中，行政机关也不能以自己在行政行为作出后收集的证据作为自己行为合法性的依据。

取证期限的合法性要求属于证据收集合法性要求的一部分。该合法性要求收集证据的程序必须合法，行政主体应当遵守法定的步骤、顺序、方式、时限对证据进行收集。具体而言，行政主体收集证据应当合法主要体现在：①手段合法。即禁止以利诱、胁迫等不正当手段获取证据材料，譬如实践中常见的通过钓鱼执法行为获得的材料，即违背了手段合法的要求不能作为证据使用。②方式合法。即禁止以偷拍、窃听等方式侵害他人合法权益获取证据材料。③程序合法。即禁止行政机关违反法定程序收集证据，《行政诉讼证据规定》第57条以及《2000年司法解释》第30条第2项都规定了严重违反法定程序收集的证据材料不能作为定案依据。④时限合法。即禁止行政机关在行政程序终结后收集证据。

行政机关取证期限及方式的限制，有利于保障诉讼程序有效运行，实现行政效率与司法效果的统一。对行政主体取证的限制体现了行政诉讼制度对公民、法人和其他组织权益的维护，有利于促进行政执法的公正和公平，确保公民、法人和其他组织的救济权利得以实现。

经典案例

崔某书诉丰县人民政府行政允诺案[1]

一、基本案情

案件事实：2001年6月28日，中共丰县县委和丰县人民政府（以下简称

---

[1] 案号：（2016）苏行终字第90号。载《最高人民法院公报》2017年第11期。

丰县政府）印发丰委发〔2001〕23号《关于丰县招商引资优惠政策的通知》（以下简称《23号通知》），该通知第25条允诺对招商引资成功的个人和单位给予相应的物质奖励，该通知25条规定，对引进外资项目实行分类奖励，其中引进资金用于社会公益事业项目的，竣工后按引资额的1%奖励引资人。原告崔某书及其妻子李某侠响应丰县政府《23号通知》的号召，积极联系其亲属，介绍重庆康达公司与丰县建设局签订投资建设协议，以BOT模式投资建设成涉案污水处理项目并投产运行至今，但被告丰县政府一直以种种借口拒不兑现奖励承诺，遂引发本案诉讼。在诉讼过程中，丰县发改委出具了《招商引资条款解释》，对《23号通知》中的部分条款及概念作如下说明："（附则中）本县新增固定资产投入300万元人民币以上者，可参照此政策执行。本条款是为了鼓励本县原有企业，增加固定资产投入，扩大产能，为我县税收作出新的贡献，可参照本优惠政策执行。"

原告诉称：①根据《23号通知》，原告成功引进了徐州康达公司项目并已竣工投产，依照《23号通知》第25条和附则的规定，原告应该获得1亿1500万总投资1%的奖励；②丰县发改委的《招商引资条款解释》歪曲篡改了《23号通知》的宗旨和原则，理应不予采用。

原告证据：①2003年10月13日丰县人民代表大会常务委员会出具的证明，该证明称："丰县污水处理厂建设项目由宋楼镇砖瓦厂厂长崔某书同志引进"。②2003年10月13日丰县人民代表大会常务委员会致李某恩的函，该函称："今派崔某书同志前去接洽，请您代表康达环保有限公司速来我县洽谈投资地面水厂建设事宜"。③2005年6月18日丰县建设局出具证明，该证明称："丰县污水处理厂建设项目由宋楼镇砖瓦厂厂长崔某书、李某侠夫妻二人引进。"前三个证据都是复制件，原件在之前申请奖励时已寄给被告。④徐州市妇女联合会（以下简称徐州市妇联）2004年3月颁发的"李某侠"被评为徐州市妇联系统"十佳招商引资先进个人"的《荣誉证书》原件。⑤经原告申请，法院依职权调取了徐州市妇联在"全国农村妇女转移就业现场培训大会"上的发言材料、徐州市妇联举办的"坚持科学发展观为指导，务实创新，积极推进农村妇女劳动力转移会议"上的发言材料以及徐州市妇联组织的巡回报告团在铜山县巡回报告时有关领导的主持词，上述三份文稿中均提到李某侠克服种种困难，引进了丰县污水厂项目，受到表彰的事实。

被告辩称：原告诉求的涉案项目并非招商引资项目，更不符合丰县政府作出的《23号通知》附则中关于新增固定资产奖励的规定，该规定是对本地原企业而非引进投资企业。

诉讼请求：请求被告丰县政府支付招商引资奖金140万元。

法院裁判：责令被告丰县人民政府依照《23号通知》，在判决生效后60日内依法履行对崔某书的奖励义务。

二、法律问题

1. 如何认定《招商引资条款解释》的证据效力？
2. 被告丰县政府是否应当依法、依约履行相应义务等？

三、法理分析

1.《招商引资条款解释》的效力。该解释将附则中"新增固定资产"解释为新增"本县原有企业"固定资产应属无效。其一，《招商引资条款解释》系对被告业已作出的招商引资文件所做的行政解释，在本案中仅作为判定行政行为是否合法的证据使用，其关联性、合法性、真实性理应受到司法审查；其二，《招商引资条款解释》是在丰县政府收到一审法院送达的起诉状副本后自行收集的证据，根据《行政诉讼证据规定》第60条第1项的规定，该证据不能作为认定被诉具体行政行为合法的依据；其三，我国统计指标中所称的"新增固定资产"是指通过投资活动所形成的新的固定资产价值，包括已经建成投入生产或交付使用的工程价值和达到规定资产标准的设备、工具、器具的价值及有关应摊入的费用。从文义解释上看，《23号通知》中的"本县新增固定资产投入"，应当理解为新增的方式不仅包括该县原有企业的扩大投入，还包括新企业的建成投产。申言之，如《23号通知》在颁布时需对"本县新增固定资产投入"作出特别规定，则应当在制定文件之初即予以公开明示，以避免他人误解。

2. 被告丰县政府是否应当依法、依约履行相应义务？本案中被告以《23号通知》作出了行政允诺，与一般的行政案件中被告对行政行为合法性负举证责任不同，在行政允诺案件中，行政相对人应当对自己完成了行政允诺中要求的条件负举证责任。若本案原告有证据证明其完成了允诺中要求的行为，被告没有足够证据证明原告不符合允诺中要求的条件，则被告应当履行相应给付义务。本案中原告证明了其完成了被告要求的招商行为。其中丰县人民代表大会常务委员会2003年10月13日出具的证明和函件，以及丰县建设局2005年6月18日出具的证明虽均为复印件，但彼此内容可以相互印证。同时，结合二审期间崔某书提供的《荣誉证书》、二审法院调取的徐州市妇联相关证据材料，可以认定，徐州康达公司系原告崔某书及其妻子李某侠介绍引进，且该招商引资项目已经取得实际效果。被告虽然主张崔某书不符合《23号通知》规定的奖励条件，但根据前述问题的回答，其并未提供充分证据证明，因此对被告主张的事实不予认可。因此，被告应当依法依约履行相应义务。

四、参考意见

行政机关在收集、使用、解释证据的过程中不得违背"先取证，后裁决"的规则，不得与法律规定的取证、举证程序相违背，否则对相应的证据，行政诉讼中将不认可其证据效力。以合法的方式适用证据，在法律的框架内进行诉讼，不仅保护了行政相对人的合法权利，而且对建设法治政府和法治社会也具有积极作用。

拓展案例

熊某芳等诉沅江市人力资源和社会保障局行政确认案[1]

一、基本案情

陈某华系沅江市茶盘洲镇学校教师，2017年3月29日10时左右，陈某华行走至学校楼梯间时走路不稳，并且碰到楼梯护栏。下午3时45分，陈某华离开学校回家，下午5时左右，陈某华在家中打电话给其妻子熊某芳，因病情严重，言语不清，同事在家中找到陈某华时，他已病倒在家中地上，下午5时35分送往医院抢救无效死亡。居民死亡医学证明（推断）书载明的死亡日期为2017年3月29日，死亡原因为脑溢血。2017年3月31日，沅江

---

〔1〕 案号：（2017）湘09行终98号。

市茶盘洲镇学校向沅江市人力资源和社会保障局报告了工伤事故。2017年5月2日，熊某芳向沅江市人力资源和社会保障局提出工伤认定申请。2017年6月7日，沅江市人力资源和社会保障局作出沅人社工伤认字〔2017〕117号不予认定工伤决定书，以陈某华的死亡不在工作时间和工作岗位，不符合《工伤保险条例》第14条、第15条的规定为由，对陈某华的死亡不予认定为工亡。2017年7月12日，沅江市人力资源和社会保障局分别向申请人与用人单位送达了该决定书。

原告诉称：其有证据证明陈某华在学校上班时已经发病。陈某华死于脑溢血，脑溢血从发病到病情严重有一个过程，一般情况下，初期会出现头昏、头痛，严重出现呕吐、走路不稳等症状。根据证人的证言，陈某华早上上班时就有不舒服感觉，一直到当天下午回家都有不舒服的感觉和发病表现，陈某华发病在工作时间和工作岗位的事实足以认定。陈某华所患的脑溢血疾病是需要立即救治的，符合《工伤保险条例》规定视同工伤的"工作时间、工作岗位、需要立即救治"三个条件。

原告证据：证人龚某强、钟某荣、刘某军、陈某辉的证言，分别证实了陈某华老师在事发当天早上有不舒服感觉，上午10时左右出现了行走不稳的情况，下午准备回家时有不舒服感觉，与人闲谈时讲了回家吃药等事实。

被告诉称：陈某华当天并没有值班，其回家的时间不是工作时间。

被告证据：①沅江市教育局关于规范义务教育学校课程课时及教师课时工作量标准的指导意见；②茶盘洲镇学校值班表及作息时间表；③被告对孙某、张某辉、马某、袁某军、杨某、黄某的调查笔录和某春的电话录音。其中第三份证据是被告在诉讼开始后自行向相关人员调查所得。

二、法律问题

被告的举证行为存在什么问题？

三、重点提示

《行政诉讼法》第35条规定，在诉讼过程中，被告及其诉讼代理人不得自行向原告、第三人和证人收集证据。

📚 阅读资料

二维码 3 – 3

专题四　原告的证明责任

📚 知识概要

　　行政诉讼程序之中的原被告，分别是行政程序中的行政相对人和行政机关。可以肯定的是，行政相对人在行政程序中享有单纯的举证权利（比如在行政处罚中证明不属于处罚情形），而在一定情形中承担举证责任（比如在行政许可中证明符合条件），但这与其作为原告在行政诉讼程序中败诉风险的关系如何呢？在国外的立法例上，如在美国的行政程序中，原告（相对人）在行政程序中承担举证责任，以证明自我请求、主张的合法性、合理性，但是不能故意拒绝在行政程序阶段举证，而首次在司法审查阶段抛出这些证据，法院将认定原告规避行政程序阶段举证责任，这些证据在行政诉讼或司法审查阶段无效，不能在司法审查阶段再提出这些证据。正如王名扬先生所指出的："提供证据不仅是当事人的权利，也是当事人的义务。正式裁决中的当事人，有义务把他所掌握的全部和案件有关的证据，应在行政听证阶段提出，否则法院认为当事人已放弃利用这项证据的权利，不能在以后的司法审查中再提出这项证据。"当事人必须承担提供证据的义务是判例法和制定法明确肯定的。早在 1896 年时，美国最高法院已在一个判决中否认一个铁路公司向法院提出的证据。该公司在州际商业委员会听证时拒绝提供其所掌握的大部分证据，而在法院进行司法审查时才抛出这些证据。同年，在一个上诉法院受理的同类案件中，法院再次适用这个规则。法院认为如果当事人在诉讼程序中才首次提出他的证据，那么法律设立州际商业委员会（被诉行政机关）将没有意义。

《行政诉讼法》第36条第2款规定："原告或者第三人提出了其在行政处理程序中没有提出的理由或者证据的，经人民法院准许，被告可以补充证据。"本条款隐含着原告可以补充提出"其在行政处理程序中没有提出的理由或者证据"，这主要是考虑到我国行政执法的实际情况，确实有一些相对人在行政行为作出过程中，或漠视自己申辩的权利而在诉讼阶段权利意识突然觉醒，或一时无法提供为自己辩白的理由和证据材料，或虽陈述申辩而行政机关不予理睬。但原告提供新证据也不是没有限制的。为了防止相对人故意不提供反驳的理由和证据材料而要等到诉讼阶段才提出，意欲使行政机关难堪，法律也给行政机关一个补充证据的机会，以对抗相对人的临时抗辩。因此，我国法律并未将行政程序中的举证与行政诉讼中的败诉风险联系起来，而是允许原告在诉讼中提出其在行政程序中没有提出的证据，但这并不意味着被告由此要承担因证据不足而导致具体行政行为违法的败诉责任，被告可以提出相应的证据以对抗原告的主张。这也从另一方面反证了原告（相对人）在行政程序中举证既是其权利也是其义务，因为即使原告在诉讼中提出其在行政程序中没有提出的证据，被告也可以补充提出相应的证据以对抗原告的主张，原告仍有败诉的可能。

《2018年司法解释》第45条规定："被告有证据证明其在行政程序中依照法定程序要求原告或者第三人提供证据，原告或者第三人依法应当提供而没有提供，在诉讼程序中提供的证据，人民法院一般不予采纳。"这个司法解释则对原告补充证据的适用条件作出了禁止性的规定，如果在被诉行政行为作出之前，被告已经告知原告提出证据，而原告应当提供而没有提供，则原告不得补充。

以上条款构成了原告补充证据的规则。这一规则防止了原告进行证据突袭。行政诉讼中的证据突袭是指原告在诉讼过程中，将其在行政行为作出前没有向行政机关提供的证据或者理由向法院提出。一方面，法律并不禁止原告补充证据，这有利于保障原告的诉讼权利、有利于法院认定被诉行政行为合法性；但另一方面，法律对原告补充证据还是存在一定限制。因为被告承担举证责任，原告如果在行政程序中刻意隐藏证据及主张，被告很难在行为作出后继续针对性地收集证据，此时原告证据突袭不仅不利于案件事实的查清和行政争议的实质化解，还会显著增加行政应诉成本和司法资源支出。[1]

因此，需要在禁止和允许之间寻求一个平衡，这一平衡点即是最高人民法院出台的《2018 年司法解释》第 45 条中所规定的两个条件：其一，被告是否"依照法定程序要求"提供。该程序要求是指行政机关在作出行政行为的过程中是否遵守了《行政许可法》《行政处罚法》等相关法律、法规、规章和规范性文件中规定的听取意见、通知举证等法定流程和法定期限；其二，原告是否"依法应当提供而没有提供"。对于补充的证据是否"依法应当提供而没有提供"的判断，应该结合司法解释中最后一句"一般不予采纳"的规定进行判断。首先是否属于"应当提供"，可以从该证据的形成时间来看。看该证据是否在行政机关通知举证等程序的时间之内或者之前形成，如果在这一时间段内即形成，那么原告"应当"提供给行政机关；其次是否属于"一般不予采纳"之例外而采纳，可以从内容上看。主要看采纳该证据是否有利于人民法院查明案情。

📖 经典案例

松业石料厂诉荥阳市人事劳动和社会保障局工伤认定案[2]

一、基本案情

案件事实：第三人李某波是原告松业石料厂的职工。2003 年 5 月 21 日 16 时许，李某波在该厂砸石头时，被飞起的石片崩伤右眼，经诊断为右眼外伤、角膜溃疡。受伤后，李某波向被告荥阳市人事劳动和社会保障局（以下简称荥阳市劳保局）申请工伤赔偿争议仲裁，荥阳市劳保局仲裁科进行了调查。由于松业石料厂坚持认为李某波不构成工伤，仲裁无果，李某波只得于 2004 年 2 月 20 日向荥阳市劳保局申请工伤认定。荥阳市劳保局于 2 月 23 日受理，并于 3 月 4 日向松业石料厂下达了《工伤认定协助调查通知书》，要求松业石料厂在 10 日内将与李某波申请工伤认定的有关材料函告或当面陈述。在指定

---

[1] 洪发胜："行政诉讼中的证据突袭及应对"，载《人民法院报》2019 年 1 月 24 日，第 6 版。

[2] 载《最高人民法院公报》2005 年第 8 期。

期限内，松业石料厂只向荥阳市劳保局提交了一份认为不构成工伤的答辩状，未附任何证据。荥阳市劳保局根据调查结果，依照《工伤保险条例》第14条第1项的规定，于3月24日作出《03号工伤认定书》，认定李某波所受伤害为工伤。松业石料厂不服，在法定期限内向市政府申请行政复议。7月21日，市政府以《17号复议决定书》，作出维持《03号工伤认定书》的决定。

原告诉称：第三人李某波系松业石料厂的职工。2003年5月21日上班工作期间被石片崩着右眼，第三人在事隔9个月以后去申请工伤认定。荥阳市劳保局根据《工伤保险条例》第14条第1项的规定，以豫（劳）工伤认字〔2004〕03号《工伤认定通知书》（以下简称《03号工伤认定书》）认定：2003年5月21日，李某波上班工作期间，因石片崩着右眼致伤，所受伤害为工伤。第三人称他是2003年5月21日上班工作期间被石片崩着右眼，然而在原告处干活的其他人，谁也没有看到这一情节。第三人在事隔9个月以后才去申请工伤认定，申请时只提供了一个李某亮的证明。从记工本上可以看出，2003年5月21日，李某亮根本没上班，怎么能在当天看到第三人受伤？再说2004年4月1日李某亮也给原告出具了证明，说他根本不知道第三人崩眼一事。崔庙卫生院证实，第三人在所谓的工伤日2003年5月21日之前的5月14日，已经在该院看过眼病。这一切说明，所谓"上班工作期间被石片崩着右眼"是假的。被告根据第三人的这一假话，将第三人的眼病认定为工伤，是事实不清、证据不足。

原告证据：①2004年5月13日以崔庙卫生院眼科医师陈某转名义出具的诊断证明书，主要内容是：患者姓名李某波，就诊时间2003年5月14日，诊断结果为角膜溃疡，医师处理意见是注意休息、药物治疗。用以证明李某波早有眼疾。②松业石料厂2003年5月份记工表1份，主要内容是：2003年5月15日、16日、17日和24日以后，李某波未上班，李某亮于5月21日以后未上班。用以证明李某亮关于李某波在5月21日上班时间受伤的证言不真实。③2004年9月3日原告的委托代理人对李某亮的调查笔录1份，主要内容是：平时在松业石料厂有7~8个人干活，相距都不太远，如果有人出事，别人就会看到；2003年5月21日我（李某亮）未上班，不知道李某波崩着眼的事，也没有听说李某波去医院看眼睛；是李某波拿来他事先写好的证明，说只要我证明我俩都在松业石料厂干活，他干活时把眼崩了就行。我不知道李某波崩着眼这件事，也不识字，光在他写好的证明上签名捺了指印。后来李某亮又让我跟他去荣阳市劳保局作证，也是在人家写好的笔录上签名捺指印。④2004年9月3日原告的委托代理人对李某木的调查笔录1份，主要内容是：我（李某木）在石料厂干活，基本没有停过工；我看到李某波的眼睛红，但从来不知道什么时间、什么原因使他的眼睛红，也不知道他去过医院，听他说是崩着眼了；我们在一起干活时的距离很近，如果有人崩着眼，别人应该知道，就是当场没看见，也会听他说一声。⑤2004年3月24日荣阳市劳保局作出的《03号工伤认定书》。⑥2004年7月21日荣阳市人民政府（以下简称市政府）作出的荣政（复决）字〔2004〕17号《行政复议决定书》（以下简称《17号复议决定书》），主要内容是：经审理查明，2003年5月21日16时许，松业石料厂职工李某波在砸石片时，被石片崩伤右眼。被申请人荣阳市劳保局依据《工伤保险条例》第14条第1项的规定，认定李某波为工伤，事实清楚，证据充分，程序合法。根据《行政复议法》第28条第1款第1项的规定，决定维持该工伤认定通知书。申请人松业石料厂若不服本复议决定，可于接到本决定书之日起15日内向荣阳市人民法院起诉。

诉讼请求：请求撤销被告的工伤认定。

法院裁判：维持荣阳市劳保局作出的该工伤认定决定。

二、法律问题

未在行政程序中提交而在诉讼程序中提交的证据应该如何认定？

三、法理分析

本案系原告对于被告作出的工伤认定不服引发的纠纷。被诉行政行为是被告荣阳市劳保局作出的《03号工伤认定书》。本案中，被诉行政行为主体合法，程序合法，法律依据正确，主要的争议焦点在于该行政行为是否属于事实不清、证据不足的情形，对这一问题的判断集中于原告的4个未在行政程序中提交、而在诉讼中提交证据之上。

《行政诉讼证据规定》第59条规定："被告在行政程序中依照法定程序要求原告提供证据，原告依法应当提供而拒不提供，在诉讼程序中提供的证据，人民法院一般不予采纳。"原告松业石料厂未在行政程序中提交而在诉讼程序中提交的 4 个证据，被告荥阳市劳保局和第三人李某波在一审质证时均持异议。在决定取舍这样的证据时，司法解释中规定"一般不予采纳"而不是"一律不予采纳"，就不能只从形式上看该证据是何时提交的，还应当从内容上看采纳该证据是否有利于人民法院查明案情。下列是上述 4 份证据以及相关分析：①2004 年 5 月 13 日以崔庙卫生院眼科医师陈某转名义出具的诊断证明书，所证内容是 2003 年 5 月 14 日一名普通患者在该院的就诊情况。如果 2004 年 5 月 13 日的这份诊断证明书反映的是事实真相，那么崔庙卫生院对 2003 年 5 月 26 日出具的那份《诊断证明书》，又该作何解释？这些疑点，出具该证据的崔庙卫生院和提供该证据的松业石料厂有义务说明。②松业石料厂 2003 年 5 月份的记工表。该证据出自松业石料厂，是记工员一人在笔记本上书写的，极易伪造，如无其他证据印证，则不具有证明力。③2004 年 9 月 3 日原告的委托代理人对李某亮的调查笔录一份。在这份笔录中，李某亮说：他不识字，只是在人家写好的内容上签名捺了指印；2003 年 5 月 21 日他不上班，不知道李某波崩着眼的事，也没有听说李某波去医院看眼睛。该证言内容与先前被告收集的证言相反，但原告与李某亮乃雇佣关系，原告有可能对李某亮施加了不正当影响。相比之下，被告荥阳市劳保局工作人员与工伤认定无任何利害关系；在荥阳市劳保局工作人员向李某亮调查时，李某亮所述内容仍与李某亮给李某波出具证言的内容一致，已经被荥阳市劳保局工作人员记录在案。李某亮翻证后的证言，不足采信。④2004 年 9 月 3 日原告的委托代理人对李某木的调查笔录一份。该证言说了两方面的事实，一方面李某波确实眼有红色异样，另一方面李某波没有向李某木说过自己的眼睛情况。该证据远不足以证伪李某波在工作时眼睛受伤的事实。

再者，从 4 个证据的内容分析，这 4 个证据完全能在行政机关调查工伤情况时形成，松业石料厂当时如果持有这 4 份证据，完全有条件向行政机关提供。松业石料厂不在《工伤认定协助调查通知书》指定的期间内向行政机关提交这些证据，确实违背了《行政诉讼证据规定》第 59 条的规定。因此，法院在这些证据受到对方当事人质疑的情况下，也即该补充证据并非有利于人民法院查清案件事实的情况下，根据《行政诉讼证据规定》第 59 条的规定，对松业石料厂提供的有疑问证据不应当予以采纳。

四、参考意见

结合《行政诉讼证据规定》第59条，在相关工伤认定的案件中：如果劳动保障行政部门受理工伤认定申请后，依照法定程序要求用人单位在规定时间内提供相关证据，用人单位无正当理由拒不向行政机关提供证据，事后在行政诉讼程序中向人民法院提供的，人民法院可不予采纳。

拓展案例

湖北中八建设工程有限公司等诉宜昌市人力资源和社会保障局工伤行政确认上诉案[1]

一、案件事实

点军区乡村青少年活动中心建设项目位于宜昌市点军区××乡××村，湖北中八建设工程有限公司（以下简称中八建设公司）系该建设项目的中标单位及施工单位。曾某翠在该项目工地务工。2017年2月28日，曾某翠在工地二楼脚手架上传递支模时摔下受伤。事发后，曾某翠被送往宜昌市中心人民医院治疗，被诊断为：①头部外伤：脑震荡、头皮裂伤；②第4颈椎关节突骨折；③胸12压缩性骨折；④全身多处软组织挫伤。2017年5月16日，曾某翠向宜昌市人力资源和社会保障局（以下简称宜昌市人社局）提交了工伤认定申请，并提交了相关证据材料。宜昌市人社局于同日受理后，作出宜人社受字〔2017〕第46号《受理工伤认定申请通知书》，通知中八建设公司举证。2017年6月2日，中八建设公司收到宜昌市人社局邮寄送达的上述通知书。2017年6月16日，中八建设公司向宜昌市人社局提交了一份说明，否认曾某翠与公司具有劳动关系。宜昌市人社局经审核曾某翠提交的证据材料，于2017年7月6日作出宜人社工认〔2017〕0708号《认定工伤决定书》，认定曾某翠2017年2月28日受伤为工伤，并于次日分别向中八建设公司和曾某翠送达。中八建设公司不服该工伤认定，向法院提起诉讼，并于一审后提出上诉。双方对构成工伤没有异议，争议焦点乃承担工伤保险责任的主体是否

---

〔1〕 案号：（2018）鄂05行终26号。

为中八建设公司。

原告诉称：公司既没有安排涂某林招收曾某翠做小工，涂某林与公司也没有承包关系，曾某翠不是公司职工，与公司没有劳动关系。证据①到④证明金汉公司以及其分公司建筑工程施工总承包资质是一级，可以进行劳务承包。中八建设公司将涉案项目的劳务发包给金汉公司宜昌分公司承包符合法律规定。证据⑤、⑥证明中八建设公司将涉案项目的劳务发包给金汉公司宜昌分公司承包，双方签订了承包合同。

原告证据：①金汉公司的《营业执照》。②金汉公司的《建筑业企业资质证书》。③金汉公司的《安全生产许可证》。④金汉公司宜昌分公司的《营业执照》。⑤中八建设公司与金汉公司宜昌分公司签订的《分项工程劳务施工承包合同》。主要内容是中八建设公司将涉案项目劳务全部发包给金汉公司宜昌分公司承包。其中第6条第8项对劳务人员的生活物资保障、安全质量都作出了约定，由金汉公司宜昌分公司承担。⑥2018年2月5日，中八建设公司代理人对金汉公司宜昌分公司的负责人凌某华所作的询问笔录，附凌某华身份证复印件1份。

被告诉称：被告在受理曾某翠提出的工伤认定申请后，依法通知中八建设公司举证，但中八建设公司只提交说明1份，未提交其将工程合法转包给具有相关资质企业的证据材料。宜昌市人社局根据曾某翠提供的证据认定中八建设公司承担工伤保险责任并无不当。

诉讼请求：判令撤销宜昌市人社局作出的宜人社工认〔2017〕0708号《认定工伤决定书》。

法院裁判：宜昌市人社局于2017年7月6日作出的宜人社工认〔2017〕0708号《认定工伤决定书》证据确凿，程序合法，适用法规正确。

二、法律问题

原告提交的证据是否具有效力？

三、重点提示

证据①到⑥在行政程序和一审程序都没有提交。证据⑤完全可以在行政行为作出之后形成，且原审法院法官要求中八建设公司提交，其也未提交。

阅读资料

二维码 3-4

专题五　证明标准

知识概要

行政诉讼中，法院的裁判应当做到"以事实为依据，以法律为准绳"。学界对"事实"存在两种观点，一种是"客观真实"，一种是"法律真实"。对于法院裁判依据的事实，客观真实要求其应当与客观上实际发生的事实完全一致。法律真实则只要求其认定遵循证据规则而达到法律规定的证明标准即可。

法律真实才是裁判所应依据的事实。其一，事实是发生在过去的事情，法官在当下通过各种途径看到的事实只能是虚拟的事实。其二，即使无法完全还原过去，但是法官还是应当有所依据而做出裁判。但法律真实不排除客观真实，法律真实的确定是为了更好地追求客观真实，证明标准的确定要有利于法官查明事实。

证明标准是指承担证明责任的当事人，对待证事实的举证质证所应达到的可信赖程度。达到了证明标准，当事人主张的事实就属于法律上的真实，法院就必须采信。证明标准的主要类型如下：

1. 合理根据标准，指只要行政行为的事实根据不是主观臆造即可。比如行政强制措施。

2. 优势证据标准，指行政机关完成的证据链的可信程度高于行政相对人，即可认定其主张事实为真，这要求本证的证明力超过 50%。这是行政诉讼的原则性证明标准。比如行政许可与行政裁决。

3. 高度盖然性标准，高度盖然性标准则要求本证的证明力超过80%。

4. 排除合理怀疑，即排除一切合理怀疑，合理怀疑指理性人可以凭借经验常识对证据关联性、合法性、真实性提出的质疑。这是刑事诉讼的标准，也是行政诉讼的最高证明标准。比如一般的行政处罚，以及行政强制执行。

针对不同的行政程序的类型、证明的难易程度、行政决定的重要性及行政程序的特点，行政机关在行政诉讼程序中需要达到不同的证明标准。一般来说，行政处罚和强制执行的证明标准相对高、易于调查取证的证明标准相对高、重要行政决定的证明标准相对高、公正比效率更优先考虑的行政程序证明标准相对高。

📚 经典案例

刘某务诉道路交通管理行政强制案[1]

一、基本案情

案件事实：2001年7月，刘某务通过分期付款的方式在山西省威廉汽车租赁有限公司购买了一辆东风EQ1208G1型运输汽车，发动机号码133040，车架号码11022219，合格证号0140721。2006年某日，该车辆行驶至太原市和平路西峪乡路口时，山西省太原市公安局交通警察支队晋源一大队（以下简称晋源交警一大队）的执勤民警通过检查年检证书发现该车未通过年审，遂以该车未经年审为由将该车扣留并于当日存入存车场。晋源交警一大队执勤民警在核实过程中发现该车的发动机号码和车架号码看不到，遂以该车涉嫌套牌及发动机号码和车架号码无法查对为由对该车继续扣留，并口头告知刘某务提供其他合法有效手续。刘某务先后提供购车手续、山西省威廉汽车租赁有限公司出具的说明、山西吕梁东风汽车技术服务站出具的3份证明，但晋源交警一大队一直以其不能提供车辆合法来历证明为由扣留该车。刘某务不服，提起行政诉讼，请求法院撤销晋源交警一大队的扣留行为并返还该车。在法院审理期间，双方当事人在法院组织下对该车车架号码的焊接处进行了切割查验，切割后显示的该车车架号码为GAGJB – DK011022219，而刘

---

〔1〕 案号：（2016）最高法行再5号。载《最高人民法院公报》2017年第2期。

某务提供的该车行驶证载明的车架号码为 LGAGJB－DK011022219。比对切割查验后显示的涉案车辆车架号码和涉案车辆行驶证载明的车架号码，前者共 16 位字符，后者共 17 位字符，前者缺失了代表车辆生产国家或者地区的首字母。

原告诉称：其为涉案车辆的实际所有人。机动车车架号码由 17 位字符组成，包含了车辆生产厂家、年代、车型、车身型式及代码、发动机代码及组装地点等信息。机动车车架号码第一位是生产国家代码，"L"字母代表该机动车的产地为中国。"L"字母的缺失明显是由于对大梁进行切割时操作不慎所致。法律并不禁止更换发动机，机动车所有人只是在更换发动机之后，有义务申请对机动车行驶证上的发动机号码进行变更。晋源交警一大队在刘某务先后提供购车手续、山西省威廉汽车租赁有限公司出具的说明、山西吕梁东风汽车技术服务站出具的 3 份证明等相关证据材料后，认定涉案车辆涉嫌套牌而持续扣留，构成主要证据不足。

原告证据：①购车手续；②山西省威廉汽车租赁有限公司出具的说明；③山西吕梁东风汽车技术服务站出具的更换发动机缸体、更换发动机缸体造成不显示发动机号码、车架用钢板铆钉加固致使车架号码被遮盖等三份证明。

被告诉称：①涉案车辆被扣留之后，原告虽然提供了该车的来历证明、机动车行驶证、检验合格证等相关材料，但发动机号码、车架号码等相关信息是确认车辆身份及车辆合格与否的唯一资料，同时也是该车的身份证明。原告对涉案车辆未经批准擅自更换发动机、改变发动机号码、改装大梁焊装钢板，将车架号码焊死在新装钢板和大梁之间，造成证车不符无法发还。②车辆目前属于强制拆解报废的机动车辆，依法不能返还。

诉讼请求：判令被告返还涉案车辆，并请求判令被告赔偿损失。

法院判决：确认被告扣留晋 A2×××号车辆的行为违法；被告在本判决生效后 30 日内将晋 A2×××号车辆返还原告。

本案的争议焦点之一为被告持续扣留原告车辆的证据是否充分。比对切割查验后显示的涉案车辆车架号码和涉案车辆行驶证载明的车架号码，前者共 16 位字符，后者共 17 位字符，前者缺失了代表车辆生产国家或者地区的首字母。原告刘某务主张缺失的首字母"L"系在切割查验时不慎损毁所致，被告对此未发表相反意见。鉴于涉案汽车确系中国生产，且对于该型号的东风运输汽车而言，切割查验后显示的车辆车架号码和涉案车辆行驶证载明的车架号码的最后 8 位字符均为"11022219"，可以认定被扣留的车辆即为刘某务所持行驶证载明的车辆。晋源交警一大队在刘某务先后提供购车手续、山西省威廉汽车租赁有限公司出具的说明、山西吕梁东风汽车技术服务站出具的 3 份证明等相关证据材料后，认定涉案车辆涉嫌套牌而持续扣留，构成主要证据不足。

综上，人民法院对行政行为合法性进行审查，应当依据行政机关作出行政行为时所收集的证据、认定的事实、适用的法律和主张的理由来综合判断。本案涉案车辆是经过年审并正常行驶的车辆，晋源交警一大队在作出行政行为时和原一、二审诉讼中均未以车辆系擅自改装而需要强制报废等作为扣留涉案车辆的理由，在本院审理中也未提供证据证明涉案车辆需要强制报废，故对晋源交警一大队有关涉案车辆需要强制报废的主张不应予以支持，且其在诉讼期间又改变扣留理由，也有违依法行政的基本要求。因此，晋源交警一大队在决定扣留涉案车辆时未遵循法定程序，认定涉案车辆涉嫌套牌而持续扣留主要证据不足，既不调查核实又长期扣留涉案车辆构成滥用职权。因晋源交警一大队未作出书面扣留决定，扣留行为不具有可撤销内容，人民法院应依照《行政诉讼法》（2014）第 74 条第 2 款第 1 项的规定确认扣留行为违法并判令返还违法扣留的车辆。

如认为刘某务已经提供相应的合法证明，则应及时返还机动车；如对刘某务所提供的机动车来历证明仍有疑问，则应尽快调查核实；如认为刘某务需要补办相应手续，也应依法明确告知补办手续的具体方式方法并依法提供必要的协助。刘某务先后提供的车辆行驶证和相关年审手续、购车手续、山西省威廉汽车租赁有限公司出具的说明、山西吕梁东风汽车技术服务站出具的 3 份证明，已经能够证明涉案车辆在生产厂家指定的维修站更换发动机缸体及用钢板铆钉加固车架的事实。在此情况下，晋源交警一大队既不返还机动车，又不及时主动调查核实车辆相关来历证明，也不要求刘某务提供相应担保并解除扣留措施，以便车辆能够返回维修站整改或者返回原登记的车辆管理所在相应部位重新打刻号码并履行相应手续，而是反复要求刘某务提供客观上已无法提供的其他合法来历证明，滥用了法律法规赋予的职权。

二、法律问题

本案被告晋源交警一大队扣留原告车辆涉及的检查、扣留、认定套牌分别适用什么证明标准，其证据是否达到证明标准？

三、法理分析

晋源交警一大队检查车辆属于行政强制检查措施，证明其合法性适用合理根据标准。因为强制检查措施一般对当事人实体权利影响不大，其证明标准可以低于一般行政强制措施，只要"有理由相信"，行政机关就可以拦截和搜身。本案中晋源交警一大队在辖区太原市和平路西峪乡路口现场检查过路车辆，因其平日熟悉附近车辆违章违法行为，所以其对刘某务的拦截检查属于"有理由相信"，达到了合理根据标准。

晋源交警以未经过年检为由扣留车辆属于应急性行政强制措施，证明其合法性适用合理根据标准。但因为相对于检查措施，扣押措施涉及利益更大，行使扣押措施的决定重要性也更大。因此虽然同为"合理根据标准"，相比证明检查合法，证明扣押合法性的证明标准要更高。本案晋源交警一大队通过检查年检证书发现该车未通过年审，遂以该车未经年审为由将该车扣留并于当日存入存车场。检验书准确证明了涉案车辆的违法状态，扣留行为合法合理。

晋源交警以"车辆来历不明"为由扣留车辆同属于应急性行政强制措施，证明其合法性适用合理根据标准。①晋源交警提供的唯一证据在于该车车架号码的焊接处切割后显示的该车车架号码为 GAGJB－DK011022219，而刘某务提供的该车行驶证载明的车架号码为 LGAGJB－DK011022219。关于车架号码，即车辆识别代号，通常也称大架号，由字母和数字共 17 位字符组成，是车辆的重要身份证明。第 1 位字符是国家或者地区代码，中国的代码是"L"。最后 8 位即第 10 位至第 17 位字符代表车辆的年份、生产工厂、生产下线顺序号等信息。对于特定汽车生产厂家生产的特定汽车而言，车架号码最后 8 位字符组成的字符串具有唯一性，因此被告提供的该"车架号码"证据并不足以证明该车来历不明。②刘某务则对此提供了三组证据，分别是购车手续、山西省威廉汽车租赁有限公司出具的说明、山西吕梁东风汽车技术服务站出具的三份证明。③被告对持续扣留行为的合法性负有举证责任。依据《道路交通安全违法行为处理程序规定》（2004），对来历不明的车辆，行政机关有权力扣留并随后进行调查，因此，被告证明的关键点在于"车辆来历不明"。对此，被告提供的车架号码不符这一本证基本没有证明力，原告提供的反证对于涉案车辆并非"来历不明"有相当强的证明力。因此两相比较，被告对扣留行为的证明并不足以令人"有理由相信"，并未达到"合理根据标准"，被告的扣留行为证据不充分，因此不合法。

四、参考意见

行政行为合法需要证据确实充分，但如何认定做到证据确实充分，因待证事实的不同而不同。本案三个行政行为都适用"合理根据标准"，但因为涉及的利益不同以及行政决定的重要性不同，强制扣留所需的证明标准相比强制检查更高一点。行政行为的合法性要求主体、内容、程序都合法。其中行政行为的内容要求行政机关的证据证明力必须达到证明标准，如果没法达到则属于行政行为不合法。本案被告前两个行政行为因达到证明标准而合法，第三个扣留行为则因未达到证明标准而不合法，从而受到了法院的不利判决。

拓展案例

李夏某诉上海市公安局浦东分局户口登记案[1]

一、基本案情

2001 年，3 个月大的原告李夏某在果园外小路旁被村民尹某、李金某夫妇捡拾后领养，当时取名为尹夏某。2005 年，两人登记离婚，并在自愿离婚协议书中约定："双方所生一女尹夏某，由女方抚养"。原告随李金某共同生活后，改名为李夏某。2007 年李金某与孙某某结婚。2010 年 5 月，上海市浦东新区民政局颁发收养登记证，记载李夏某身份为非社会福利机构抚养的弃婴。同年 7 月，李金某向被告上海市公安局浦东分局申办户口登记，并提交了收养登记档案资料和书面说明，称离婚协议中自书"双方所生一女"是

〔1〕 "李夏某诉上海市公安局浦东分局户口登记案"，载 https://www.chinacourt.org/article/detail/2014/11/id/1491414.shtml，最后访问时间：2018 年 11 月 17 日。

"为了不影响小孩子的心灵"。2011 年 11 月，被告以不符合现行户口政策为由作出不予批准的户口审批决定。

原告诉称：自己乃李金某收养之弃婴，且依据《收养法》《中国公民收养子女登记办法》《公安部、商业部关于被收养子女户口和粮食供应关系迁移问题的通知》等对收养子女户口登记的规定，上海市公安局浦东分局不予登记户口之行为不合法。

原告证据：①李金某患不孕症的医学证明；②无利害关系证人证言；③收养登记档案；④相关书面说明。

被告辩称：原告非弃婴，参照《上海市人民政府关于同意本市投靠类户口迁移若干实施意见的批复》，不符合现行户口政策，因此不予户口登记。

法院裁判：法院认为，被告作出的不予入户决定，认定事实不清，主要证据不足，适用法律错误，判决撤销被告作出的不予批准的户口审批决定。

二、法律问题

上海市公安局浦东分局不予登记户口的行为适用什么样的证明标准？其是否达到了证明标准？

三、重点提示

本案系典型的涉及未成年人的户口行政诉讼，户口登记是对公民合法身份的确认，直接影响社会生活，对于未成年人而言，更与其生活、入学、成长息息相关。

⬢ 阅读资料

二维码 3-5

| 第四章 |

起诉与受理

行政诉讼的起诉是指，公民、法人或其他组织认为行政机关的行政行为侵犯了其合法权益，继而请求人民法院行使国家审判权，对行政行为合法性进行审查，以实现自身权利救济的诉讼行为。起诉是原告单方面行使法律赋予的起诉权，向人民法院表示诉的意愿的行为[1]。

受理是人民法院对公民、法人或其他组织的起诉进行审查，对符合法律规定的起诉决定立案审查的诉讼行为。因不告不理的司法原则，起诉是受理的前提。同时，受理不是起诉的必然结果。起诉是否受理，是人民法院依据国家审判权对起诉进行审查的结果。

专题一　起诉的一般条件

知识概要

为了人民法院可以及时且正确审理行政案件，充分利用有限的司法资源，防止当事人滥用诉权，提起行政诉讼必须满足一定条件。《行政诉讼法》第49条明确规定了四个条件，为当事人的起诉必须符合的法定要件。这四个条件称之为起诉的一般条件，即不论何种诉讼和何种诉讼请求都均需具备的条件[2]。

1. 原告适格。在起诉与受理中，原告适格是指原告提起行政诉讼以行政

---

〔1〕 马怀德主编：《行政诉讼法学》，北京大学出版社2015年版，第163页。
〔2〕 马怀德主编：《行政诉讼法学》，北京大学出版社2015年版，第164页。

行为存在为前提和基础，同时，原告与行政行为有利害关系。其中，原告与被诉行政行为有利害关系还应该参考《2018 年司法解释》第 1 条第 2 款第 10 项理解，即行政行为对原告的权利义务产生了实际影响，从另一个角度，可以说原告必须有可以通过诉讼实现的现实利益[1]。

2. 有明确的被告。原告在起诉时，应当指明是哪个行政机关侵犯了自身的合法权益。没有明确的被告，就无人应诉，也无人承担造成原告损害的责任，人民法院也无从进行审判活动。[2]

3. 有具体的诉讼请求和事实根据。诉讼请求和事实根据是诉的基本内容，也是原告希望得以救济的实体权利的主张。具体的诉讼请求是指原告对被告提出的具体的权利主张和对人民法院作出何种判决的要求。[3]事实根据是原告提起诉讼所依据的事实和根据，原告需要初步证明被诉行政行为的存在。

4. 属于人民法院的受案范围和受诉人民法院管辖。人民法院的受案范围是人民法院审判权的作用领域，超过人民法院的受案范围的，司法无权对其进行审查。因此，原告所起诉的行政行为应该是为人民法院受案范围所包含的[4]。另外，原告起诉还应当属于受诉人民法院的管辖，但起诉人因管辖上的错误并不会丧失诉权，受诉人民法院应当将起诉移送有管辖权的法院或告知起诉人向有管辖权的人民法院起诉[5]。

经典案例

孙某荣诉吉林省人民政府行政复议不予受理决定案[6]

一、基本案情

2010 年孙某荣向吉林省长春市房地产管理局提出将其房屋用途由"住

---

[1] 行政诉讼的目的就是实现对公民、法人或其他组织合法权益的救济。当原告没有可以救济的现实利益，原告的起诉就背离了行政诉讼的主要目的和功能，不应当被人民法院受理。

[2] 胡康生主编：《〈中华人民共和国行政诉讼法〉讲话》，中国民主法制出版社 1989 年版，第 145 页。

[3] 姜明安：《行政法与行政诉讼法》，北京大学出版社 2015 年版，第 483 页。

[4] 受案范围参见《行政诉讼法》第 12、13 条，《2018 年司法解释》第 1 条。

[5] 管辖参见《行政诉讼法》第二章、《2018 年司法解释》第二章关于管辖的规定。

[6] 案号：(2015) 行提字第 19 号。

宅"变更为"商用"。登记机关称，依据吉林省住房和城乡建设厅（以下简称吉林省住建厅）1999 年 11 月 17 日公布的吉建房字〔1999〕27 号《关于申请房屋用途变更登记有关问题的通知》（以下简称吉建房字〔1999〕27 号通知），变更用途须经规划许可。在规划部门拒绝作出相应行政许可之后，2011 年 2 月孙某荣向吉林省住建厅提交了关于查询吉建房字〔1999〕27 号通知是否已过时效的申请，并要求给予书面答复。孙某荣向吉林省住建厅提交的申请内容为："1999 年 11 月 17 日由贵厅下发的吉建房字〔1999〕27 号《关于申请房屋用途变更登记有关问题的通知》，根据吉林省人民政府令第 201 号《吉林省规章规范性文件清理办法》相关规定，该文件已超时效。不知现是否仍然有效？敬请给以书面答复。"在孙某荣向吉林省住建厅申请了解吉建房字〔1999〕27 号通知是否有效时，吉林省住建厅正在根据《关于规章和规范性文件清理工作有关问题的通知》（吉府法〔2010〕74 号）要求，组织开展规范性文件的清理工作，清理范围包括了吉建房字〔1999〕27 号通知。针对孙某荣的申请内容，吉林省住建厅向其作出了口头答复。但吉林省住建厅一直未予书面答复。

2011 年 4 月 26 日，孙某荣以吉林省住建厅对其申请推托未予书面答复为由向吉林省人民政府提起行政复议，请求依据《政府信息公开条例》及相关法律规定，责令吉林省住建厅依法给予书面答复。2011 年 4 月 28 日，吉林省人民政府作出吉政复不字〔2011〕号不予受理决定，认为孙某荣提出的行政复议申请不在行政复议范围之内，根据《行政复议法》第 6 条、第 17 条的规定，决定不予受理。2011 年 5 月 31 日，吉林省住建厅在其网站上公布废止了吉建房字〔1999〕27 号通知。

2011 年 7 月 6 日，孙某荣向吉林省长春市中级人民法院提起行政诉讼，请求人民法院撤销吉林省人民政府吉政复不字〔2011〕号不予受理决定，并责令重新作出行政行为。

一审法院判决维持吉林省人民政府 2011 年 4 月 28 日作出的吉政复不字〔2011〕号不予受理决定[1]。孙某荣不服一审判决，向吉林省高级人民法院

---

[1]　案号：（2011）长行初字第 1 号。

提起上诉。二审法院驳回上诉，维持原判[1]。

孙某荣不服二审判决，向最高人民法院申请再审。

最高人民法院认为申请人起诉并无应受司法保护的现实利益，其请求被申请人重新作出行政行为已丧失诉的基础，判决维持吉林省高级人民法院（2011）吉行终字第 21 号行政判决。

二、法律问题

本案中，当事人孙某荣提起的信息公开申请是属于公民申请政府信息公开的范围还是属于普通的咨询行为？当事人孙某荣的起诉是否具有现实利益？

三、法理分析

在本案中，确定孙某荣的信息申请属于什么性质，是判断孙某荣提起行政复议申请是否符合行政复议范围的前提，进而才能认定孙某荣针对行政复议不予受理提起行政诉讼是否存在可保护的利益。

1. 当事人孙某荣的信息申请属咨询性质。根据《政府信息公开条例》第 2 条的规定，政府信息是指行政机关在履行职责过程中制作或者获取的，以一定形式记录、保存的信息。为准确把握政府信息的适用范畴，《国务院办公厅关于做好政府信息依申请公开工作的意见》（国办发〔2010〕5 号）第 2 条规定："行政机关向申请人提供的政府信息，应当是现有的，一般不需要行政机关汇总、加工或者重新制作（作区分处理的除外）。"

根据以上条款，首先，可以确定政府信息产生的主体——行政机关，以及法律、法规授权的组织和依法参照适用的公共企事业单位（具体行政主体资格）。其次，可以确定政府信息的产生时间，应当是行政机关履行职责过程中。因行政机关民事行为或其他非履行职责的行为所生成的信息不属于政府信息范畴。最后，政府信息的存在是以一定形式记录、保存的。政府信息必须是现实当下就已经存在的，且行政机关已经记录和保存的，行政机关不因为个人的请求而负担制作记录的义务。

---

[1] 案号：（2011）吉行终字第 21 号。

结合本案，孙某荣向吉林省住建厅提交的申请内容为："1999 年 11 月 17日由贵厅下发的吉建房字〔1999〕27 号《关于申请房屋用途变更登记有关问题的通知》，根据吉林省人民政府令第 201 号《吉林省规章规范性文件清理办法》相关规定，该文件已超时效。不知现是否仍然有效？敬请给以书面答复。"据此可以认定，孙某荣向吉林省住建厅申请了解的是吉建房字〔1999〕27 号通知的效力问题，并非申请公开"以一定形式记录、保存的"政府文件本身，效力问题不存在记录和保存的过程，它是需要行政机关依靠自己的认识进行判断后才能予以告诉。因此孙某荣的信息申请在性质上属于咨询，故不属于《政府信息公开条例》调整的范畴。

2. 行政复议不予受理的决定符合法律规定。《行政复议法》第 6 条以"列举＋兜底"的条款模式明确规定了公民、法人或者其他组织可以申请行政复议的法定情形，行政行为侵犯了公民、法人或其他组织合法权益是行政复议的受理范围的必要条件。

吉林省住建厅并无书面答复的法定义务。当事人孙某荣的信息申请行为实为疑问咨询，不属于《政府信息公开条例》调整的范畴。对于此类咨询申请，行政机关没有必须书面答复的法定义务。因此，孙某荣认为吉林省住建厅未履行政府信息公开答复义务的主张，难以成立。

吉林省住建厅的答复与否不会对孙某荣的权利义务产生实际影响。孙某荣向吉林省住建厅申请了解吉建房字〔1999〕27 号通知是否有效时，吉林省住建厅正在根据《关于规章和规范性文件清理工作有关问题的通知》（吉府法〔2010〕74 号）要求，组织开展规范性文件的清理工作，清理范围包括了吉建房字〔1999〕27 号通知。针对孙某荣的申请内容，吉林省住建厅向其作出了口头答复。行政机关针对咨询申请作出答复以及答复与否，一般不会对咨询人的权利义务产生实际影响。其一，吉建房字〔1999〕27 号通知关于房屋用途变更的规定有《吉林省城市房地产管理若干规定》等上位法依据；其二，吉建房字〔1999〕27 号通知与孙某荣能否改变房屋用途没有直接因果联系，吉建房字〔1999〕27 号通知是否有效均不能改变孙某荣无权变更房屋用途的事实。因此，吉林省住建厅的答复缺乏侵犯孙某荣合法权益的可能，应当认定吉林省住建厅的答复不属于行政复议的受理范围。

3. 当事人孙某荣的起诉缺乏诉的利益。无利益即无诉权，要求当事人寻求诉讼救济的权益必须有司法保护之必要。在吉林省住建厅已以口头方式作出答复，尤其是在孙某荣提起本案诉讼前吉林省住建厅已经公布废止吉建房字〔1999〕27 号通知的情况下，孙某荣仍然要求人民法院判令复议机关重新作出行政行为即责令吉林省住建厅对该通知的效力问题作出书面答复，其起诉已无应受司法保护的现实利益，其请求吉林省人民政府重新作出行政行为已丧失诉的基础。孙某荣的起诉实无救济之必要，应当裁定驳回起诉。最高人民法院考虑到原审已经作出实体判决即维持被诉行为，改判已无必要，因此判决维持吉林省高级人民法院（2011）吉行终字第 21 号行政判决。

四、参考意见

《政府信息公开条例》调整的"政府信息"是指现实存在的，并以一定形式记录、保存的信息。申请了解文件效力属于咨询性质，不属于该条例第 26 条规定的"应当按照申请人要求的形式予以提供"政府信息的情形。行政机关针对咨询申请作出的答复以及不予答复行为，不属于政府信息公开行为，不会对咨询人的权利义务产生实际影响，故不属于行政复议的受理范围。起诉人缺乏诉的利益，则无原告资格，人民法院可以不予受理或裁定驳回起诉。

当行政行为侵犯了起诉人的合法权益，对起诉人的权利义务产生了实际影响，应当就可以视为起诉人具备了行政诉讼中诉的利益。有一种观点认为，行政诉讼起诉条件具有主观性[1]，行政行为侵犯了起诉人的合法权益，这是起诉人的主观判断，行政行为是否真正侵犯了起诉人的权益需要实体审理才能够确定。也有学者认为，起诉人的主观认识只是其提起诉讼的动机，而起诉条件是需要法院审查的一个客观标准[2]。如果审查起诉人是否具备诉的利益没有法定、客观标准，是否应该警惕给予法院过多裁量的权力，限制作为公民基本权利的诉权应该要慎重。而法院审查起诉是否具有诉的利益的客观标准应当是什么，也是一个值得研究和探讨的问题。

---

〔1〕 参见应松年："起诉与受理"，载《行政诉讼法专题讲座》，人民法院出版社 1989 年版，第 181 页；张玉录："论行政起诉条件"，载《政法论坛》1999 年第 4 期。

〔2〕 参见江必新、梁凤云：《行政诉讼法理论与实务》，法律出版社 2016 年版，第 1055 页。

📑 拓展案例

案例一：赵某红诉行政强制一案[1]

基本案情

河北省邢台市桥东区人民政府（以下简称桥东区政府）于 2014 年 10 月 19 日对赵某红的房屋实施了强拆行为。赵某红在未确认强拆行为的具体确切时间前提下，以桥东区政府于 2014 年 7 月 28 日对其住宅实施的强拆行为违反法律规定为由，向河北省邢台市中级人民法院起诉，赵某红向法院提交了报警记录、刘兵的证人证言和 5 张照片。河北省邢台市中级人民法院裁定驳回赵某红的起诉，理由：赵某红提交的证据既不能证明房屋被拆除的具体日期，也不能证明桥东区政府于 2014 年 7 月 28 日实施过强拆行为。赵某红不服一审裁定，向河北省高级人民法院上诉。河北省高级人民法院以与一审法院基本相同的理由，裁定驳回上诉、维持一审裁定。赵某红不服一、二审裁定，向最高人民法院申请再审。最高人民法院认为原审裁定提高了作为起诉条件的"事实根据"的证明标准，不利于保护原告的合法诉权，适用法律错误，依法应予纠正。

案例二：崔某超等拆迁行政强制行政纠纷再审申请案[2]

一、基本案情

崔某超认为济南市槐荫区人民政府（以下简称槐荫区政府）、槐荫区房屋征收服务中心采取断水断电、阻断交通的方式迫使其搬迁的行为违法，遂提起诉讼，并提供了相关证据证明在房屋周围被挖坑时，房屋征收服务中心人员在现场，提供的网络截图等证据证明北大槐树片区棚户区改造土地整理熟化项目属于济南市棚改项目、由房屋征收服务中心具体实施等内容。最高人民法院认为：崔某超提交的证据虽然说明房屋存在断水断电、屋后存在施工

---

[1]　案号：（2017）最高法行申 615 号。
[2]　案号：（2016）最高法行申 180 号。

作业等情形，但并不能直接证明上述行为系由房屋征收服务中心实施。人民法院对是否存在被诉行政行为以及被诉行政行为是否由被诉行政机关作出等事实的认定，应当达到清楚而有说服力的标准。在相关事实无法确认的情况下，负有举证责任的当事人应当承担举证不能的法律后果。最高人民法院裁定驳回再审申请人崔某超的再审申请。

二、法律问题

通过以上两个案例的比较，思考起诉人应当由具体的诉讼请求和事实根据，这里的"事实根据"起诉人应该举证到什么标准？

三、重点提示

当事人提起行政诉讼应当有具体的诉讼请求和事实根据，但作为起诉条件的"事实根据"的举证标准不同于作为支持实体权利主张的实体法上的"事实根据"，作为起诉条件的"事实根据"的证明标准是能使诉讼标的特定化或者被识别所需要的最低限度，当事人能提供相应事实的初步证明即可满足起诉条件。

⬢ **阅读资料**

二维码 4-1

专题二　起诉的时间条件

⬢ **知识概要**

起诉期限，是人民法院审查起诉的时间条件。行政诉讼的起诉期限制度不同于民事诉讼的诉讼时效制度。起诉期限是不变期间，具有除斥期间的性质〔1〕。起诉期限的设置目的是为了督促当事人重视自身的权益，积极行权。同时起诉期限制度也可以尽早解决行政纠纷，稳定社会关系〔2〕。起诉若无正当理由超过法定期限，当事人将因起诉期限的经过而丧失行政诉权，人民法院对超过起诉期限的起诉应当裁定不予受理，已经立案的，应该裁定驳回起诉。

（一）起诉期限的一般规定〔3〕

行政诉讼法对起诉期限的一般规定区分了两种情形：经过复议的起诉期限和未经复议直接提起诉讼的起诉期限。

1. 经过复议的，当事人不服复议决定的，可以在收到复议决定书之日起15 日内向人民法院提起诉讼。复议机关逾期不作决定的，当事人可以在复议期满之日起 15 日内向人民法院提起诉讼。

2. 未经复议直接提起诉讼的，又分为两种情形：作为案件，当事人应当自知道或者应当知道作出行政行为之日起 6 个月内提出；不作为案件，行政机关在接到当事人申请之日起 2 个月内不履行的，当事人可以向人民法院提起诉讼，当事人在紧急情况下请求行政机关履行保护其人身权、财产权等合法权益的法定职责，行政机关不履行的，提起诉讼不受 2 个月规定期限的限制。

（二）特殊情形下起诉期限的计算

由于行政的复杂性，行政诉讼的起诉期限还考虑到一些特殊情形。

1. 行政机关作出行政行为时（包括复议决定），未告知当事人起诉期限的。此时，当事人起诉期限从其知道或应当知道起诉期限之日算起，但从其知道或应当知道行政行为内容之日起最长不超过 1 年。

2. 当事人不知道行政行为内容的。此时，当事人起诉期限从其知道或应当知道行政行为内容之日算起，但因不动产提起诉讼的案件自行政行为作出之日起超过 20 年，其他案件自行政行为作出之日起超过 5 年提起诉讼的，人民法院不予受理。

---

〔1〕 江必新、梁凤云：《行政诉讼法理论与实务》，法律出版社 2016 年版，第 1096 页。

〔2〕 何海波：《行政诉讼法》，法律出版社 2015 年版，第 235 页。

〔3〕 本章关于起诉期限的规定整理依照《行政诉讼法》《2018 年司法解释》关于起诉期限的规定。

（三）起诉期限耽误的处理

起诉期限耽误的处理一般分为两种情形：

1. 起诉期限的扣除，即当事人因客观原因，导致其起诉超过起诉期限的，当事人因此原因被耽误的时间在计算起诉期限时应当予以扣除。起诉期限的扣除是法定扣除，即当客观原因包括不可抗力和其他不属于自身的原因[1]存在时，法院应当将相应耽误时间予以扣除。

2. 起诉期限的延长，即当事人因非客观的原因，但有正当理由而导致其起诉超过起诉期限的，可以申请法院顺延。当事人的申请是否属于正当理由以及准许与否，由人民法院裁量。

🗂 经典案例

眉山气雾剂厂诉眉山市东坡区人民政府、眉山市
东坡区国土局土地行政登记案[2]

一、基本案情

1996 年 4 月，眉山县国土局（现眉山市东坡区国土资源局）根据本案第三人永升公司的申请，经审核后上报眉山县人民政府（现眉山市东坡区人民政府）审批，以眉山县人民政府的名义为其颁发了位于眉山县东坡镇新乐路南段 130 号 5.51 亩土地的《国有土地使用证》，证号为眉国用（1996）1842 号。同年 5 月，原告眉山气雾剂厂向眉山县国土局申请颁发该宗土地使用权证时，被告知该土地的使用证已颁予他人，但未查到相关颁证材料。后眉山气雾剂厂多次向有关部门反映情况，要求解决该土地的使用权问题。1998 年 9 月 3 日，眉山气雾剂厂通过查阅眉山县国土局颁证档案知道了 1842 号《国有土地使用证》的颁发情况。1999 年 3 月 24 日，由于眉山气雾剂厂的多次上访，眉山县国土局专门组织人员进行调查、取证和查阅档案材料，作成了眉国土函〔1999〕7 号《眉山县国土局关于眉山气雾剂厂控告眉山县永升公司非法取得该厂土地使用权的调查情况汇报》。该报告载明了眉国用（1996）

---

[1] 其他不属于自身的原因，是指不以当事人主观意志所转移的原因。

[2] 案号：（2004）川行终字第 24 号。载《最高人民法院公报》2005 年第 2 期。

1842 号《国有土地使用证》的颁发情况，并认为该颁证行为是合法的。此报告于 1999 年 4 月 15 日送达了眉山气雾剂厂的法定代表人涂某灿。

1999 年 11 月，眉山气雾剂厂向眉山县人民法院（现眉山市东坡区人民法院）提起行政诉讼，请求撤销眉山县国土局受眉山县人民政府委托颁发的眉国用（1996）1842 号《国有土地使用证》。眉山县人民法院未予立案。此后，眉山气雾剂厂继续申诉和上访。2000 年 8 月，眉山县人民政府因统一换发国有土地使用证，注销了 1842 号《国有土地使用证》，将其更换为眉国用（2000）字第 3441 号《中华人民共和国国有土地使用证》。该证载明土地使用者：眉山永升公司。座落：眉山县东坡镇新乐路南段 130 号，使用面积 3675.17 平方米。同年 12 月，眉山县人民政府更名为眉山市东坡区人民政府。

2001 年，眉山气雾剂厂再次向眉山市东坡区人民法院提起诉讼，请求撤销眉山市东坡区人民政府（原眉山县人民政府）颁发的 1842 号《土地使用证》，因被告知已经超过法定起诉期限而撤回了诉状。

2002 年 10 月，眉山气雾剂厂向眉山市国土资源局提出书面申请，请求对位于眉山市中心城区诗书路南段（原眉山县东坡镇新乐路南段）的 5.51 亩土地进行使用权登记确认。眉山市国土局于 2003 年 12 月 4 日以该申请属"重复登记"为由作出《不予受理土地登记通知书》，同月送达眉山气雾剂厂。

2004 年 3 月 5 日，眉山气雾剂厂以原眉山县人民政府颁发的 1842 号《国有土地使用证》侵犯其合法权益为由向眉山市中级人民法院提起行政诉讼，请求撤销该颁证行为。眉山市中级人民法院于 2004 年 6 月 3 日裁定驳回原告起诉[1]。

眉山气雾剂厂不服一审裁定，向四川省高级人民法院提起上诉。四川省高级人民法院于 2004 年 9 月 27 日裁定：①撤销眉山市中级人民法院（2004）眉行初字第 4 号行政裁定；②指令眉山市中级人民法院继续审理。

二、法律问题

本案中，原告眉山气雾剂厂的起诉是否已超过法定期限？原告耽误起诉期限是因客观原因还是非客观原因？原告眉山气雾剂厂耽误起诉期限该如何

---

〔1〕　案号：（2004）眉行初字第 4 号行政裁定。

处理?

三、法理分析

由于行政诉讼的起诉期限是判断当事人是否还保有行政诉权的依据。因此，不同于民事诉讼，在行政诉讼中人民法院需要对当事人的起诉是否超过起诉期限进行主动审查。在实务中，一个案子时间线对判断起诉期限是否超过法定期限是非常重要的，为了便于思考和判断，建议通过整理形成一个比较清晰的时间表（见表2）。

表2　眉岭雾剂厂诉眉山市人民政府、眉山市国土局土地行政登记案时间表

时间	事实
1996年4月	永升公司取得1842号土地使用权证（以眉山县人民政府的名义颁发）
1996年5月	眉山气雾剂厂申请颁证，被告知该土地使用证已颁给他人，但未查到相关颁证材料
1998年9月	眉山气雾剂厂查阅眉山县国土局颁证材料知道了1842号土地使用证的颁发情况
1999年3月	眉山县国土局组织调查、取证和查阅档案材料，作成报告。该报告载明1842号土地使用证的颁发情况，并认为该颁证行为是合法的
1999年4月	报告送达眉山气雾剂厂的法定代表人涂某灿
1999年11月	眉山气雾剂厂向眉山县人民法院提起行政诉讼，人民法院未予立案
	眉山气雾剂厂继续申诉和上访
2001年	眉山气雾剂厂再次向眉山市东坡区人民法院提起行政诉讼，被告知超过法定期限而撤回了诉状
2002年10月	眉山气雾剂厂向眉山市国土局申请，请求对涉案地块进行使用证登记确认
2003年12月	眉山市国土局以重复登记为由作出《不予受理土地登记通知书》
2003年12月	《不予受理土地登记通知书》送达眉山气雾剂厂
2004年3月	眉山气雾剂厂向眉山市中级人民法院提起本案诉讼

本案时间跨度长，从1996年到2004年，原告眉山气雾剂厂曾经提起过多次诉讼、申诉和上访。可以明确的是，本案系起诉人对案涉土地的颁证行

为不服而提起的行政诉讼，要判断本案起诉人是否超过起诉期限，首选需要确定原告眉山气雾剂厂第一次提起行政诉讼是否超过起诉期限，因为若原告眉山气雾剂厂第一次提起行政诉讼就超过起诉期限，且没有正当理由，原告就已丧失行政诉权，案涉土地的颁证行为具有合法性和确定力。

1. 确定原告眉山气雾剂厂第一次提起行政诉讼是否超过起诉期限。从上表可以看出，虽然 1842 号土地使用证的颁证行为是 1996 年 4 月，但直到 1998 年 9 月 3 日，眉山气雾剂厂才确切知道颁证行为，且不论是眉山县国土局还是眉山县人民政府都未曾告知眉山气雾剂厂诉权和起诉期限。参考当时有效的《行政诉讼法》（1989）第 39 条规定："公民、法人或者其他组织直接向人民法院提起诉讼的，应当在知道作出具体行政行为之日起 3 个月内提出。法律另有规定的除外。"以及《最高人民法院印发关于贯彻执行〈中华人民共和国行政诉讼法〉若干问题的意见（试行）》第 35 条规定："行政机关作出具体行政行为时，未告知当事人的诉权或者起诉期限，致使当事人逾期向人民法院起诉的，其起诉期限从当事人实际知道诉权或者起诉期限时计算，但逾期的期间最长不得超过 1 年。"

原告眉山气雾剂厂只需要在 1998 年 9 月 3 日知道颁证行为起，至 1999 年 12 月 3 日内，提起行政诉讼，都没有超过法定起诉期限。眉山气雾剂厂于 1999 年 11 月向原眉山县人民法院提起行政诉讼，没有超过起诉期限，人民法院应当受理。

2. 原告眉山气雾剂厂提起本案诉讼是 2004 年 3 月 5 日，明显超过法定期限，但应当考虑原告眉山气雾剂厂是否因客观原因而耽误了起诉时间。眉山气雾剂厂于 1999 年 11 月向原眉山县人民法院提起行政诉讼，没有超过起诉期限，人民法院应当受理。但原眉山县人民法院既未按规定立案，也未按规定向当事人出具不予立案的书面裁定，致使气雾剂厂不断向其他部门申诉和上访，2001 年眉山气雾剂厂再次向眉山市东坡区人民法院提起行政诉讼，也被告知超过法定期限而撤回了诉状。气雾剂厂不是自身主动选择了上访与申诉，而是在信赖了国家审判机关却得到了否定之后的无可奈何，其反复向有关行政机关上访、申诉的时间，应当属于非因自身原因造成的起诉时间的耽误，根据当时有效的《2000 年司法解释》第 43 条"由于不属于起诉人自身的原因超过起诉期限的，被耽误的时间不计算在起诉期间内"的规定，气雾剂厂向其他行政部门上访、申诉的时间不应当计算在起诉期间内。气雾剂厂于 1998 年 9 月 3 日知道被诉行政登记行为内容，扣除非因自身原因耽误的时间 1999 年 11 月至 2003 年 12 月，其于 2004 年 3 月 5 日提起的行政诉讼，符合《2000 年司法解释》第 41 条第 1 款"行政机关作出具体行政行为时，未告知公民、法人或者其他组织诉权或者起诉期限的，起诉期限从公民、法人或者其他组织知道或者应当知道诉权或者起诉期限之日起计算，但从知道或者应当知道具体行政行为内容之日起最长不得超过 2 年"的规定，人民法院应当立案受理。

四、参考意见

对于当事人提起的行政诉讼，人民法院应该立案而未立案，又未出具书面裁定，造成当事人向其他部门上访、申诉并继续向人民法院起诉的，不应将当事人第一次起诉被拒绝后，由于非自身原因延误的时间，计算在起诉期限内。

拓展案例

韦古某诉南丹县人民政府土地行政答复案[1]

一、基本案情

1990 年 3 月 28 日，为开荒造林，南丹县松柏村将未使用到的荒山划归山口林场使用，同时将部分已造林的林地转让给山口林场使用，通过协议划定了林场与相关村屯的界限。其后，山口林场与南丹县刘寨镇政府、韦古某所在的红挂队相继签订补充协议，明确了松柏村划给山口林场造林的土地面积为 1.7 万亩和界限等事项。1991 年，山口林场以承包方式，将松柏站范围的部分林地给松柏村各队群众进行造林，松柏村村民韦古某也参与造林。2002年 10 月 14 日，山口林场验收了韦古某的造林情况，制作有《六寨镇松柏村农户承包造林验收的结果》，韦古某的妻子覃某兰签字认可。为了将松柏站林区范围内所有遗留空地进行造林绿化，山口林场计划将韦古某于 1994 年、

---

[1] 案号：(2017) 最高法行申 2040 号。

1995 年在红挂交拾坡所造的部分林地砍林还土，并于 2009 年 8 月 21 日向韦古某发出通知。韦古某与山口林场发生林木权属纠纷。2009 年 11 月 13 日，南丹县政府作出《关于六寨镇松柏村红挂屯韦古某反映与山口林场林木纠纷问题的答复函》（本案例中简称《答复函》）。2009 年 11 月 26 日，韦古某从南丹县林业局获得该《答复函》，该《答复函》告知韦古某可以提起民事诉讼。2010 年 3 月 12 日，韦古某向南丹县人民法院提起民事诉讼，请求判决确认争议林木归其所有。2010 年 3 月 17 日，南丹县人民法院作出（2010）丹民初字第 224 号民事裁定，认为韦古某没有提供对所争议的林木享有权属的任何证据和事实依据，其诉讼请求不属于人民法院民事诉讼的受案范围，裁定对韦古某的起诉不予受理。之后韦古某不断进行上访。2015 年 6 月 2 日，韦古某提起本案行政诉讼，请求撤销《答复函》，重新确认林地权属。

河池市中级人民法院（2015）河市行初字第 22 号行政裁定：韦古某于 2009 年 11 月 26 日取得该《答复函》，并于 2015 年 6 月 2 日提起本案行政诉讼请求撤销《答复函》，明显超过了法律规定的起诉期限，裁定驳回韦古某的起诉。韦古某不服一审裁定，提起上诉。

广西壮族自治区高级人民法院（2016）桂行终 323 号行政裁定认为：①民事诉讼期间可予以扣除行政起诉期限。韦古某于 2009 年 11 月 26 日从南丹县林业局取得《答复函》后，提起民事诉讼请求判决确认争议林木归其所有。南丹县人民法院经审查，以韦古某的诉讼请求不属于人民法院民事诉讼的受理范围为由，裁定不予受理起诉，该裁定已发生法律效力。鉴于韦古某系根据《答复函》告知内容提起上述民事诉讼，由此耽误提起行政诉讼，可视为不能归责于韦古某自身原因的情形，民事诉讼期间应从本案行政起诉期限予以扣除。②本案信访期间不予以扣除行政起诉期限。韦古某在民事起诉被法院裁定驳回后，于 2010 年 3 月 29 日向南丹县政府信访要求根据《森林法》第 17 条第 2 款规定，给予依法处理未果，此后继续以信访方式反映诉求，鉴于信访处理并非解决本案纠纷的法定程序，不符合起诉期限扣除的条件。因此，自 2010 年 3 月 29 日韦古某向行政机关信访时起算，至其 2015 年 6 月 2 日起诉时止，期间已超过 2 年。一审认定韦古某的起诉超过起诉期限，事实清楚，适用法律正确。二审裁定驳回上诉，维持一审裁定。

韦古某向最高人民法院申请再审。

最高人民法院经审查认为，韦古某于 2009 年 11 月 26 日从南丹县林业局取得《答复函》，该《答复函》告知韦古某可以提起民事诉讼。韦古某于 2010 年 3 月 12 日向南丹县人民法院提起民事诉讼，直至南丹县人民法院于 2010 年 3 月 17 日作出（2010）丹民初字第 224 号民事裁定的期间，并非由于韦古某本人的原因造成，应当予以扣除。但是，其后韦古某并未提起行政诉讼，而是通过信访要求解决问题。不属于起诉人自身的原因超过起诉期限应予扣除的规定，是指基于地震、洪水等客观因素耽误的期间，或者基于对相关国家机关的信赖，等待其就相关争议事项进行处理的期间等不属于起诉人自身的原因被耽误的时间的情形。当事人单方向有关部门申诉信访，因申诉信访耽误的期间，没有可保护的信赖利益，属于当事人自身放弃通过法定诉讼途径解决争议耽误起诉期限的情形，不应予以扣除。韦古某因信访行为而耽误的时间不能从起诉期限中予以扣除。因此，韦古某于 2010 年 3 月 29 日向行政机关信访至其于 2015 年 6 月 2 日提起本案行政诉讼，已经远超 2 年的法定起诉期限。故一、二审裁定驳回韦古某的起诉，并无不当，最高人民法院予以支持。

二、法律问题

韦古某因不服《答复函》提起本案行政诉讼前，先后向人民法院提起民事诉讼和向行政机关信访反映诉求，是否符合起诉期限扣除的条件？

三、重点提示

眉山气雾剂厂诉眉山市人民政府、眉山市国土局土地行政登记案与韦古某诉南丹县人民政府土地行政答复案，都存在耽误起诉期限的情形，而且都是诉讼＋上访的情形，两者有何区别？

❖ 阅读资料

二维码 4－2

专题三 起诉的程序条件

◈ 知识概要

起诉的程序条件，是指起诉人的起诉应该符合行政复议与行政诉讼之间程序衔接的相关规定。根据《行政诉讼法》《行政复议法》以及相关司法解释，行政复议和行政诉讼的衔接关系主要有以下三种：

（一）自由选择型

自由选择型指的是法律法规未将行政复议作为提起行政诉讼的必经程序，也未规定一旦选择复议即丧失行政诉权时，当事人可以自由选择救济手段。当事人可以直接提起行政诉讼，也可以先申请行政复议，对复议决定不服的，可以继续提起行政诉讼，体现了司法最终原则。在自由选择型的复议与诉讼衔接中，也要注意三种特殊情形的处理[1]：

1. 当事人既提起诉讼又申请复议的。此时，由先立案的机关管辖；同时立案的，由当事人自己选择。

2. 当事人在复议期间提起诉讼的。当事人已经申请行政复议，在法定复议期间内又向人民法院提起诉讼的，人民法院裁定不予立案。这是为了尊重复议机关的权力，同时也是防止复议与诉讼程序衔接的混乱。[2]

3. 当事人在复议期间撤回复议申请再提起诉讼的。当事人向复议机关申请行政复议后，又经复议机关同意撤回复议申请，在法定起诉期限内对原行政行为提起诉讼的，人民法院应当依法立案。应该注意的是，在这种情形下，从当事人申请复议到撤回复议的期间，在计算行政诉讼起诉期限时，不应予以扣除。

（二）复议前置型

复议前置型的复议与诉讼的关系是指，当事人提起行政诉讼之前必须先经过行政复议程序。[3]在某些法律、法规规定的行政复议前置的情形下，当

---

[1] 参见《2018 年司法解释》第 57、58 条。

[2] 马怀德主编：《行政诉讼法学》，北京大学出版社 2015 年版，第 171 页。

[3] 《行政诉讼法》第 44 条第 2 款：法律、法规规定应当先向行政机关申请复议，对复议决定不服再向人民法院提起诉讼的，依照法律、法规的规定。

事人若未经行政复议程序直接提起诉讼，人民法院不予受理。

应该注意的是，复议前置并非绝对的。当事人已申请行政复议，但复议机关不受理复议申请或法定期限内不作出复议决定，当事人不服可以依法向人民法院提起诉讼，人民法院应该受理。因为此时，当事人已充分尊重复议前置的规定，而复议机关却消极应对，若仍坚守复议前置将导致当事人权利救济的架空，所以应该允许当事人向法院提起诉讼。

（三）复议最终裁决型

复议最终裁决型复议与诉讼的关系是指，当事人既可以选择行政诉讼也可以选择行政复议，但只能择一而选，一旦选择了行政复议，行政复议决定即为终局裁判，当事人因此丧失行政诉权。[1]

◈ 经典案例

上海金港经贸总公司诉新疆维吾尔自治区
工商行政管理局行政处罚案[2]

一、基本案情

1994 年 5 月至 1995 年 6 月间，上海金港经贸总公司（以下简称金港公司）（非棉花经营单位）在新疆非法套购棉花，被新疆维吾尔自治区工商行政管理局（以下简称新疆工商局）查处。1995 年 10 月 12 日，新疆工商局以金港公司在疆非法套购棉花并运至内地倒卖，认定金港公司违法经营棉花，依据《投机倒把行政处罚暂行条例》[3]之规定对金港公司进行处罚。1997 年 6 月 20 日，新疆工商局公平交易局向其出具罚款证明："我局于 1996 年 2 月 17 日收到自治区棉麻公司转来棉花款 190 万元整。后区棉麻公司于 1996 年 4 月 2 日提走暂存的 40 万元，我局实际收到处罚款 150 万元整（附相关凭证复印件 2 张）。特此证明。"新疆工商局以罚款证明的方式没收金港公司 150 万元。（新疆工商局没收金港公司 150 万元的行为没有制作处罚决定书，事后由新疆

---

[1] 参见《中华人民共和国出境入境管理法》第 64 条。
[2] 案号：（2005）行提字第 1 号。载《最高人民法院公报》2006 年第 4 期。
[3] 《投机倒把行政处罚暂行条例》已被《国务院关于废止部分行政法规的决定》（发布日期：2008 年 1 月 15 日；实施日期：2008 年 1 月 15 日）宣布失效。

工商局公平交易局出具的罚款证明没有载明处罚的事实根据和法律依据，也没有告知诉权和诉讼期限。）

金港公司于 1998 年 4 月 18 日向新疆维吾尔自治区乌鲁木齐市中级人民法院起诉，请求法院判决撤销该罚款证明，判令新疆工商局归还其 150 万元棉花款，并赔偿经济损失 20 万元。新疆维吾尔自治区乌鲁木齐市中级人民法院一审认为，根据《投机倒把行政处罚暂行条例》第 11 条规定，原告金港公司不服行政处罚可先向上一级工商机关申请复议，对复议仍不服的，才可在法定期限内向人民法院起诉。原告的起诉不符合起诉条件，裁定驳回原告金港公司的起诉[1]。

金港公司不服一审裁定，向新疆维吾尔自治区高级人民法院提起上诉。新疆维吾尔自治区高级人民法院二审认为其上诉理由不能成立，裁定驳回上诉，维持原裁定[2]。

金港公司不服二审裁定，向最高人民法院申请再审，请求撤销原审裁定，撤销新疆工商局作出的罚款证明，返还棉花款 150 万元，并赔偿其经济损失 100 万元。

最高人民法院认为行政机关在作出行政处罚决定时负有告知义务，新疆工商局出具的罚款证明，既未告知金港公司的违法事实，亦未告知适用的法律依据，在此情况下，金港公司无从判断其行为性质及相应的法律规范。原一、二审法院以金港公司未经复议直接向人民法院起诉，不符合《投机倒把行政处罚暂行条例》第 11 条关于复议前置之规定为由裁定不予受理，于法无据。裁定撤销一、二审裁定，指令新疆维吾尔自治区乌鲁木齐市中级人民法院按照第一审程序对本案进行审理。

二、法律问题

本案中，被告新疆工商局依据《投机倒把行政处罚暂行条例》（已失效）未履行告知义务而给予原告行政处罚，金港公司未经复议直接提起诉讼，人民法院是否应当受理？

---

[1]　案号：（1998）乌中行初字第 4 号。载《最高人民法院公报》2006 年第 4 期。
[2]　案号：（1998）新行终字第 9 号。载《最高人民法院公报》2006 年第 4 期。

三、法理分析

我国行政诉讼确立了以自由选择为原则，复议前置为例外的衔接制度。这是为了充分尊重当事人选择救济的权利，另一方面也是为了让行政纠纷和行政争议尽快解决，保持社会稳定。仍有例外的复议前置是因为在某些领域，可以充分借助行政机关的专业知识和行政经验解决纠纷。

复议前置并不是绝对的，通过理解《2018年司法解释》第56条第2款："依照行政诉讼法第45条的规定，复议机关不受理复议申请或者在法定期限内不作出复议决定，公民、法人或者其他组织不服，依法向人民法院提起诉讼的，人民法院应当依法立案"，可以看出在某些情况下，复议前置是可以被突破的。复议前置的突破，在于对当事人诉权的保护，核心精神是尽可能实现对当事人的合法权益的救济。本案也涉及对复议前置的突破。

被告新疆工商局依据《投机倒把行政处罚暂行条例》对原告金港公司进行处罚。而依据第11条[1]，原告金港公司对处罚不服的，应当先申请行政复议，对复议决定不服，才能进而提起诉讼。但原告金港公司未经复议直接向新疆维吾尔自治区乌鲁木齐市中级人民法院起诉。然而最高人民法院没有受到复议前置规定的约束，认为新疆维吾尔自治区乌鲁木齐市中级人民法院应该受理。这并不是无视法律、法规所作出的裁定，相反，最高人民法院的理由才真正地反映了法律、法规的核心内涵。

所有的复议前置条款的适用，都包含一个内在条件，即当事人必须知道自己是因何受罚和受罚依据。正因为复议前置是例外，当事人没有义务主动了解复议前置的情形，应当照顾当事人对复议前置不知道的可能。本案中，虽然被告新疆工商局依据《投机倒把行政处罚暂行条例》对原告金港公司进行处罚，但新疆工商局仅仅提供了一个罚款证明，既未告知金港公司的违法事实，亦未告知适用的法律依据，在此情况下，金港公司无从判断其行为性质及相应的法律规范。金港公司直接提起行政诉讼，人民法院应该受理。

---

〔1〕《投机倒把行政处罚暂行条例》第11条："被处罚人对工商行政管理机关的处罚决定不服的，可以在收到处罚通知之日起15日内向上一级工商行政管理机关申请复议。上一级工商行政管理机关应当在收到复议申请之日起30日作出复议决定。被处罚人对复议决定不服的，可以在收到复议通知之日起15日内向人民法院起诉。"

四、参考意见

行政机关在作出行政处罚决定前，应当告知当事人作出行政处罚决定的事实、理由和依据，并告知当事人依法享有的权利；行政处罚决定书也应当载明上述必要内容。如果行政机关没有作出正式的行政处罚决定书，而是仅仅向当事人出具罚款证明，且未向当事人告知前述必要内容；致使当事人无从判断。当事人因此未经行政复议直接向人民法院起诉的，人民法院应当予以受理。

拓展案例

第三村民小组诉辽宁省锦州市滨海新区管理委员会土地行政确认案[1]

一、基本案情

辽宁省锦州市滨海新区娘娘宫镇潘屯村第三村民小组不服辽宁省锦州市滨海新区管理委员会（以下简称滨海新区管委会）于 2016 年 4 月 13 日作出的《关于确定锦州滨海新区已征收娘娘宫镇潘屯村河东林地原土地所有权的决定》（本案例中简称《确权决定》），请求法院依法撤销滨海新区管委会作出的该决定，并由其承担诉讼费用。

锦州市中级人民法院一审裁定认为，《行政复议法》第 30 条第 1 款规定：公民、法人或者其他组织认为行政机关的具体行政行为侵犯其已经依法取得的土地、矿藏、水流、森林、山岭、草原、荒地、滩涂、海域等自然资源的所有权或者使用权的，应当先申请行政复议；对行政复议决定不服的，可以依法向人民法院提起行政诉讼。第三村民小组不服滨海新区管委会作出的《确权决定》，应当先向锦州市人民政府申请行政复议，对行政复议决定不服方可提起行政诉讼。现第三村民小组未经行政复议径直向人民法院提起行政诉讼，不符合法律规定，予以驳回。

第三村民小组不服，向辽宁省高级人民法院提起上诉。

---

〔1〕　案号：（2017）最高法行申 5062 号。

辽宁省高级人民法院二审裁定认为，一审裁定适用法律并无不当。第三村民小组的该项上诉请求没有法律依据，不予支持。

第三村民小组申请再审称：一、二审法院适用法律错误，认定事实错误。第三村民小组没有经过法定程序取得案涉地块的所有权证或者使用权证，滨海新区管委会作出的《确权决定》属于初始确认案涉地块的所有权，因此不具备复议前置的必要条件，第三村民小组有权直接提起行政诉讼。

最高人民法院经审查认为第三村民小组对《确权决定》不服，应当先行申请复议，才可以向人民法院提起行政诉讼。第三村民小组直接提起行政诉讼，不符合法律的规定，一、二审裁定驳回起诉，并无不当。

二、法律问题

第三村民小组的诉讼请求是否属于行政复议前置的情况？

三、重点提示

《行政复议法》第30条第1款规定："公民、法人或者其他组织认为行政机关的具体行政行为侵犯其已经依法取得的土地、矿藏、水流、森林、山岭、草原、荒地、滩涂、海域等自然资源的所有权或者使用权的，应当先申请行政复议；对行政复议决定不服的，可以依法向人民法院提起行政诉讼。"如何理解"已经依法取得……所有权或者使用权的"？第三村民小组是否必须依法取得了所涉自然资源的所有权或使用权，才适用复议前置的条款？

阅读资料

二维码 4–3

专题四 对起诉的审查

知识概要

人民法院对起诉的审查，主要包括本章上文已列举的起诉的一般条件、起诉的时间条件和起诉的程序条件。除此之外，人民法院还会审查以下内容：

（一）是否重复起诉

重复起诉是指对一个已处于诉讼过程或已被生效判决、裁定所确认的行政争议，当事人又另行提起诉讼的行为[1]。起诉人向人民法院提起诉讼，人民法院一旦受理，此行政争议就属于此受理法院，法院取得对该争议的审判权。一事不再理是行政诉讼的原则，重复起诉的，法院应不予受理，已受理的也应当驳回起诉。禁止重复起诉一方面是为了保证诉讼的稳定性，防止出现不一致的裁判，另一方面也是防止当事人滥用司法资源，造成诉累。

（二）是否滥用诉权

诉讼的进行一定会消耗相应的社会资源。诉讼资源是公共资源，并且诉讼资源在短期内都是相对固定的。司法公平正义的实现也依赖于诉讼资源的正当且最有效率地使用。因此，对于诉讼权利也应当有一定的限制，防止滥用。某个人滥用诉权从某种程度上一定会对其他人的诉权造成影响，更严重的会造成公共秩序的混乱。随着立案登记制度的建立，立案门槛变低，滥用诉权也更为可能。对于滥用诉权的起诉，人民法院应当根据受案范围、原告资格、一事不再理等法定标准，谨慎作出裁判。

（三）当事人撤回起诉后再行起诉是否有正当理由

一般地，行政诉讼中人民法院裁定准许原告撤诉后，原告以同一事实和理由重新起诉的，人民法院不予受理。对于确有错误的准许撤诉裁定，原告可以申请再审，通过审判监督程序纠错。但原告或者上诉人因案件受理费问题，被人民法院按自动撤诉处理的，在按撤诉处理后，原告或者上诉人在法定期限内再次起诉或者上诉，并依法解决诉讼费预交问题的，人民法院应予

---

[1] 禁止重复起诉，并不是禁止当事人对裁判提出上诉和申诉，对于确有错误的生效裁判，当事人也可以申请再审。

立案[1]。

(四) 诉讼标的是否为生效判决效力所羁束

诉讼标的是当事人主张或否认的权利或法律关系,它是法院裁判的对象,在行政诉讼中,诉讼标的就是被诉行政行为的合法性[2]。若行政行为的合法性已被其他行政裁判所确定,当事人就不能再对其提起行政诉讼[3]。

📑 经典案例

陆某霞诉南通市发展和改革委员会
政府信息公开答复案[4]

一、基本案情

2012 年底陆某霞与南通市港闸区政府产生拆迁争议。据不完全统计[5],2013 年至 2015 年 1 月期间,陆某霞及其父亲陆某国、伯母张某三人[6]以生活需要为由,分别向南通市人民政府、南通市城乡建设局、南通市发展和改革委员会、南通市住房保障和房产管理局、南通市规划局、南通市国土资源局、南通市公安局、南通市公安局港闸分局等共提起至少 94 次政府信息公开申请,要求公开南通市人民政府财政预算报告、所拥有公车的数量、牌照号码及公车品牌、政府信息公开年度报告、南通市拘留所被拘留人员 2013 年度伙食费标准、拘留人员权利和义务告知书、城北大道工程征地的供地方案、农用地转用方案、城北大道拆迁工程是否由南通市港闸区人民政府出资等政府信息[7]。

在以上提出的政府信息公开申请中,陆某霞、张某分别向南通市人民政

---

[1] 参见《2018 年司法解释》第 60 条、第 61 条。

[2] 马怀德主编:《行政诉讼法学》,北京大学出版社 2015 年版,第 174 页。

[3] 从法理上,民事裁判或刑事裁判无法对行政行为的合法性进行确定,因此,若行政行为有被民事裁判或刑事裁判认定的情形,当事人仍可以对行政行为提起行政诉讼。

[4] 案号:(2015) 通申行终字第 00131 号。载《最高人民法院公报》2015 年第 11 期。

[5] 此统计由本案一审法院南通市港闸区人民法院在审理过程中依职权调查所查明。

[6] 陆某霞与陆某国是父女关系,陆某国申请信息公开、提起行政复议及行政诉讼均由陆某霞经手或作为委托代理人。张某系陆某霞伯母,两人均住南通市港闸区怡园新苑,与港闸区政府均存在房屋拆迁补偿争议。

[7] 陆某霞申请公开的政府信息过多,在此不一一列举。

府、南通市港闸区人民政府申请公开"南通市人民政府 2013 年度政府信息公开工作年度报告、南通市港闸区人民政府 2007 年度《财政预算决算报告》"等内容相同的信息；陆某国、张某分别向南通市人民政府、南通市发展和改革委员会、南通市住房保障和房产管理局、南通市港闸区审计局等单位申请公开"城北大道工程征地的供地方案、农用地转用方案、征收土地方案、补充耕地方案、城北大道的立项批文、城北大道工程的拆迁计划和拆迁方案、房屋拆迁公告、房屋拆迁许可证、城北大道工程拆迁管理费的审计内容及该工程拆迁管理费的总额"等内容相同的信息。

陆某霞及其父亲陆某国、伯母张某在收到行政机关作出的相关《政府信息公开申请答复》后，分别向江苏省人民政府、江苏省公安厅、江苏省国土资源厅、南通市人民政府、南通市审计局等复议机关共提起至少 39 次行政复议。在经过行政复议程序之后，三人又分别以政府信息公开答复"没有发文机关标志、标题不完整、发文字号形式错误，违反《党政机关公文处理工作条例》的规定，属形式违法；未注明救济途径，属程序违法"等为由向南通市中级人民法院、如东县人民法院、港闸区人民法院提起政府信息公开之诉至少 36 次。

2013 年 11 月 26 日，陆某霞向被告南通市发展和改革委员会（以下简称南通市发改委）申请公开"长平路西延绿化工程的立项批文"。同年 11 月 28 日，被告作出通发改信复〔2013〕14 号《政府信息公开申请答复书》并提供了通发改投资〔2010〕67 号《市发改委关于长平路西延工程的批复》。陆某霞向南通市港闸区人民法院提起本案诉讼，请求撤销通发改信复〔2013〕14 号《政府信息公开申请答复书》，并责令重新作出答复。

南通市港闸区人民法院一审认为陆某霞起诉构成明显的权利滥用。于 2015 年 2 月 27 日裁定驳回陆某霞的起诉。

陆某霞不服一审裁定，向南通市中级人民法院提起上诉称：①一审法院审理本案违反法定程序。一审法院调查其父亲陆某国、伯母张某信息公开、行政复议、行政诉讼的行为超越法定职权；一审法院剥夺了其陈述、辩论的权利，也剥夺了当庭举证、质证的权利。②一审法院认定其滥用获取政府信息权和滥用诉权，裁定驳回其起诉错误。③一审法院超越职权，没有权力对陆某霞今后的信息公开申请提出限制，亦无权要求行政机关和其他人民法院对陆某霞的信息公开申请、行政诉讼进行严格审查。请求二审法院撤销一审裁定，责令一审法院继续审理本案。

南通市中级人民法院经二审，确认了一审查明的事实。南通市中级人民法院二审认为：①一审法院并未违反法定程序。人民法院有权向有关行政机关以及其他组织、公民调取证据。一审法院在 2015 年 2 月 27 日庭审中，将调取的证据材料当庭向陆某霞出示，陆某霞亦发表了质证意见和诉讼主张，陆某霞认为一审法院剥夺其陈述、辩论的权利和当庭举证、质证的权利与事实不符。②一审法院认定陆某霞存在滥用获取政府信息权和滥用诉权行为依法有据，裁定驳回陆某霞的起诉并无不当。③一审法院对陆某霞今后的信息公开申请及行政诉讼进行适当限制是适当的。

南通市中级人民法院于 2015 年 7 月 6 日裁定驳回上诉，维持原裁定。

二、法律问题

在本案中，如何认定当事人陆某霞是滥用诉权？认定当事人滥用诉权是人民法院自由裁量的范围吗？人民法院限制陆某霞今后的信息公开申请及行政诉讼进行适当限制是否是适当的？

三、法理分析

本案是人民法院首次在没有明确的实定法的前提下，对当事人滥用诉讼权利进行限制的一个尝试。一、二审法院在裁判文书说理部分都是比较充分的，对类似案件的指导也是十分有益的。本节法理分析着重总结裁判文书的六大亮点及阐述《2019 年政府信息公开案例》修订后的相关影响。

（一）裁判文书的六大亮点

1. 裁判申明了知情权和诉权须合理使用。一审法院在裁定中明确指出：获取政府信息和提起诉讼是法律赋予公民的权利。为了保障公民知情权的实现，行政机关应当主动公开政府信息，以提高政府工作的透明度，公民、法人或者其他组织还可以根据自身生产、生活、科研等特殊需要，向国务院部门、地方各级人民政府及县级以上地方人民政府部门申请获取相关政府信息。为了监督行政机关依法行政，切实保障公民依法获取政府信息，公民认为行政机关在政府信息公开工作中的行政行为侵犯其合法权益的，可以依法提起行政诉讼。而需要指出的是：任何公民享有宪法和法律规定的权利，同时必须履行宪法和法律规定的义务；公民在行使自由和权利的时候，不得损害国家、社会、集体的利益和其他公民合法的自由和权利；公民在行使权利时，应当按照法律规定的方式和程序进行，接受法律及其内在价值的合理规制，必须符合立法宗旨，能够实现立法目的。

2. 裁判指出防止诉权滥用是审判权的应有之义。一审法院指出，保障当事人的诉权与制约恶意诉讼、无理缠诉均是审判权的应有之义。对于个别当事人反复多次提起轻率的、相同或者类似的诉讼请求，或者明知无正当理由而反复提起的诉讼，人民法院对其起诉应严格依法审查。在现行法律规范尚未对滥用获取政府信息权、滥用诉权行为进行明确规制的情形下，一审法院根据审判权的应有之义，结合立法精神，决定对陆某霞的起诉不作实体审理。

3. 裁判认定陆某霞滥用知情权事实充分。一审法院在审理过程中依职权调取了证据，并在此基本上进行了归纳。一审法院认为本案中陆某霞所提出的众多政府信息公开申请具有以下几个明显特征：一是申请次数众多。陆某霞三人先后提起至少94次政府信息公开申请。二是家庭成员分别提出相同或类似申请，内容多有重复。三是申请公开的内容包罗万象。且有诸多咨询性质的提问，陆某霞也明知部分信息不属于《政府信息公开条例》规定的政府信息范畴。四是部分申请目的明显不符合《政府信息公开条例》的规定。陆某霞申请政府信息和提起诉讼的目的是为了向政府及其相关部门施加压力，以引起对自身拆迁补偿安置问题的重视和解决。

二审法院也认为陆某霞持续申请公开众多政府信息，通过重复、大量提起信息公开的方式已经明显偏离了公民依法、理性、正当行使知情权和监督权的正常轨道，超过了正当行使知情权的合理限度，背离了政府信息公开制度的初衷与立法目的。

4. 裁判推断陆某霞申请信息公开和起诉的真实目的。一审法院根据其查明的事实推断，陆某霞不间断地向政府及其相关部门申请获取所谓政府信息，真实目的并非为了获取和了解所申请的信息，而是借此表达不满情绪，并向政府及其相关部门施加答复、行政复议和诉讼的压力，以实现拆迁补偿安置利益的最大化。

5. 裁判认定陆某霞滥用诉权依据充分。本案一审裁判认定陆某霞起诉明显缺乏诉的利益、目的不当、有悖诚信，违背了诉权行使的必要性，因而也就失去了权利行使的正当性，属于典型的滥用诉权行为。诉的利益是陆某霞存在司法救济的客观需要，没有诉讼利益或仅仅是为了借助诉讼攻击对方当事人的不应受到保护。本案中陆某霞由于对获取政府信息权利的滥用，在客观上并不具有此类诉讼所值得保护的合法的、现实的利益。陆某霞不断将诉讼作为向政府及其相关部门施加压力、谋求私利的手段，此种起诉已经背离了对受到侵害的合法权益进行救济的诉讼本旨。陆某霞本已滥用了政府信息公开申请权，所提起的数十起诉讼要么起诉理由雷同，要么是在已经获取、知悉所申请政府信息的情形下仍坚持提起诉讼，这种对诉讼权利任意行使的方式有违诚实信用原则。

针对陆某霞提起的频繁诉讼，人民法院也多次向其释明《政府信息公开条例》的立法目的、政府信息的涵义，并多次未支持其不合法的申请和起诉，陆某霞对法律的规定显然明知，也应当知道如何正确维护自身的合法权益。陆某霞在明知其申请和诉讼不会得到支持，仍然一再申请政府信息公开，不论政府及相关部门如何答复，均执意提起行政复议和行政诉讼。陆某霞的申请行为和诉讼行为，已经使行政和司法资源在维护个人利益与公共利益之间有所失衡，《政府信息公开条例》的立法宗旨也在此种申请—答复—复议—诉讼的程序中被异化。陆某霞所为已经背离了权利正当行使的本旨，超越了权利不得损害他人的界限，亦有违诚实信用原则，已构成对诉讼权利的滥用。

6. 裁判限制陆某霞今后的信息公开申请及行政诉讼。一审法院在裁判中还尝试在实体法没有规定的前提下对陆某霞的权利作出限制：为了兼顾维护法律的严肃性、有效利用公共资源和保障陆某霞依法获取政府信息、提起诉讼的权利，对于陆某霞今后再次向行政机关申请类似的政府信息公开、向人民法院提起类似的行政诉讼，均应依据《政府信息公开条例》的现有规定进行严格审查，陆某霞须举证说明其申请和诉讼是为了满足自身生产、生活、科研等特殊需要，否则将承担不利后果。

而《政府信息公开条例》第 20 条只规定了政府信息公开申请应当包括申请人的姓名或者名称、联系方式；申请公开的政府信息的内容描述；申请公开的政府信息的形式要求。《政府信息公开条例》没有规定申请人在提出政府信息公开申请时要说明使用信息的用途、理由等，故政府信息主管部门和工作机构在实务中不得随意增设申请人的义务。一审法院在实体法没有规定的情形下，强制给陆某霞增设了在申请时需要举证的义务。二审法院认为陆某霞持续、琐碎、轻率甚至带有骚扰性质的滥用获取政府信息权、滥用诉权的行为，超越了权利行使界限，应当对其设定一个限制反复的约束，这也符合《政府信息公开条例》的立法精神和目的。

（二）《政府信息公开条例》修订后的相关影响

《政府信息公开条例》于 2019 年 4 月 3 日修订，取消依申请公开的"三需要"门槛，删除之前《政府信息公开条例》第 13 条关于公民、法人或者其他组织申请获取相关政府信息需"根据自身生产、生活、科研等特殊需要"的限制条件，这意味着，申请人提交信息公开申请时不需要再证明其所申请的信息与自身生产、生活、科研有联系，在行政诉讼中，亦免除了申请人相关证明责任，行政机关也无法以申请人无特殊需要为抗辩理由。人民法院也不能以申请人无特殊需要为理由认定起诉人滥用知情权和诉权。

同时，新增了关于申请人申请公开政府信息的数量、频次明显超过合理范围的处理：申请人申请公开政府信息的数量、频次明显超过合理范围，行政机关可以要求申请人说明理由。行政机关认为申请理由不合理的，告知申请人不予处理；行政机关认为申请理由合理，但是无法在规定的期限内答复申请人的，可以确定延迟答复的合理期限并告知申请人。行政机关依申请提供政府信息，一般不收取费用。但是，申请人申请公开政府信息的数量、频次明显超过合理范围的，行政机关可以收取信息处理费。

之前，行政机关对于申请人滥用知情权的行为缺少限制的权力，这次修法后，赋予了行政机关一定的处理权限，以此来制约知情权的滥用。从规定可以看出，判断申请人申请公开政府信息的数量、频次是否明显超过合理范围以及申请人的理由是否合理，权力在于行政机关。那么，对于行政诉讼的影响：其一，在于申请人申请公开政府信息的数量、频次是否明显超过合理范围，将成为人民法院判断申请人是否滥用知情权的主要标准；其二，司法机关可以审查行政机关作出不予处理决定的合法性，即判断申请人申请公开政府信息的数量、频次是否明显超过合理范围以及申请理由是否合理的权力转移给法院，因为需要对行政机关不予处理行为合法性进行评价，人民法院必须判断申请人申请公开政府信息的数量、频次是否明显超过合理范围以及申请理由是否合理。因此，什么样的数量、频次是明显超过合理范围、什么样的理由是合理的，需要在行政审判实务中进一步得到阐释。

四、参考意见

知情权是公民的一项法定权利。公民必须在现行法律框架内申请获取政府信息，并符合法律规定的条件、程序和方式，符合立法宗旨，能够实现立法目的。如果公民提起政府信息公开申请违背了《政府信息公开条例》的立法本意且不具有善意，就会构成知情权的滥用。

当事人反复多次提起琐碎的、轻率的、相同或者类似的诉讼请求，或者明知无正当理由而反复提起诉讼，人民法院应对其起诉严格依法审查，对于缺乏诉的利益、目的不当、有悖诚信的起诉行为，因违背了诉权行使的必要性，丧失了权利行使的正当性，应认定构成滥用诉权行为。

📑 拓展案例

张某为诉天津市人民政府拆迁行政复议案[1]

一、基本案情

天津市和平区人民政府（以下简称和平区政府）于1998年作出的津和政令（1998）282号《关于责令被拆迁人张某为限期搬迁的决定》（以下简称282号限期搬迁决定），于1998年8月3日送达张某为。张某为就282号限期搬迁决定提起行政诉讼，天津市高级人民法院作出终审裁判[2]，以超过法定起诉期限为由驳回张某为的起诉。张某为于2006年与相关单位签订安置补偿协议，且已实际履行，张某为表示不再上访、诉讼。张某为2015年5月就282号限期搬迁决定向天津市人民政府申请行政复议。天津市人民政府决定不予受理，并书面告知张某为，张某为不服，提起本案。

天津市第二中级人民法院一审认为张某为所诉行政行为对其合法权益明

---

[1] 案号：（2016）最高法行申2385号。

[2] 案号：（2003）津高行终字第030号行政裁定。

显不产生实际影响，裁定驳回张某为的起诉[1]。

张某为不服，提起上诉。

天津市高级人民法院二审认为：张某为因房屋拆迁争议多年诉、访，提起了数百件行政复议和行政诉讼案件。张某为已于2006年签订协议，解决了房屋拆迁实质争议，且其承诺息诉罢访，但张某为不履行息诉罢访承诺，仍针对282号限期搬迁决定再次申请复议、提起诉讼，浪费了有限的行政资源和司法资源，构成滥用行政复议、行政诉讼救济权利，故其起诉不具有依法应予救济的诉讼利益。据此裁定：驳回上诉，维持一审裁定[2]。

张某为向最高人民法院申请再审。

最高人民法院认为：张某为的起诉不符合法定起诉条件，原审法院裁定驳回张某为起诉符合法律规定，张某为申请再审的理由依法不能成立。最高人民法院理由：①再审申请人过于迟延地申请行政复议，已经超过法定申请期限。本案中，和平区政府所作282号限期搬迁决定于1998年8月3日送达再审申请人，再审申请人迟至2015年5月才就该决定申请行政复议，显已超过申请行政复议的法定期限。②再审申请人申请复议、提起诉讼缺乏权利保护的必要。本案争议系因房屋拆迁安置补偿问题引发，但根据原审法院查明的事实，再审申请人已于2006年与相关单位签订安置补偿协议，并且已实际履行，再审申请人的安置补偿权益已经依法得到保障。在此情况下转而申请复议、提起诉讼，明显缺乏权利保护的必要。更为重要的是，再审申请人申请行政复议的282号限期搬迁决定作出在前，与相关单位签订安置补偿协议在后，应当视为再审申请人通过签署安置补偿协议表达了对于前置限期搬迁决定的认可，即使存在权利保护必要，也属自愿放弃了相关权利。③再审申请人已经自愿抛弃权利保护，仍旧提起诉讼有违诉讼诚信。诉权是公民、法人和其他组织享有的法定权利，神圣不可侵犯，但诉权却可以自愿抛弃。抛弃权利保护的方式包括单方向人民法院表示、单方向诉讼的另一方当事人表示，也包括当事人之间自愿达成合意。如果当事人在自愿抛弃权利保护之后

---

[1]　案号：（2015）二中行初字第82号。

[2]　案号：（2016）津行终148号。

再行实施诉权，则属出尔反尔，有违诚实信用。经原审法院查明，再审申请人在与相关单位所签安置补偿协议中已经承诺不再上访、诉讼，其后又长期多次申请行政复议及提起行政诉讼，不断违反自己所作的权利抛弃承诺，这种权利保护的滥用同样构成不符合法定起诉条件的情形。

二、法律问题

张某为起诉是否是滥用诉权？

三、重点提示

诉权是否可以自愿抛弃？提起复议和诉讼的次数是否可以构成认定滥用诉权的标准？

◈ 阅读资料

二维码 4-4

专题五　审查起诉的处理

◈ 知识概要

人民法院在接到当事人起诉后，经审查，应当根据当事人起诉的不同情况，分别作出如下处理[1]：

一、决定立案

人民法院在接到起诉状时对符合行政诉讼法规定的起诉条件的，应当登

---

〔1〕　参见《行政诉讼法》第51、52条，《2018年司法解释》第53条。

记立案。对当场不能判定是否符合本法规定的起诉条件的，应当接收起诉状，出具注明收到日期的书面凭证，并在 7 日内决定是否立案。

人民法院的立案，意义在于：其一，确定了特定法院对个人的审判权，审判活动由此开始；其二，当事人不得再另行提起诉讼，其他法院不再受理；其三，确立了原被告双方的诉讼地位；其四，对当事人而言，起诉时效中断，开始承担诉讼义务，如缴纳诉讼费用、质证等。

二、裁定不予立案

人民法院对不符合起诉条件的，应当作出不予立案的裁定。裁定书应当载明不予立案的理由。原告对裁定不服的，可以提起上诉。

三、告知起诉人补正

人民法院对起诉状内容欠缺或者有其他错误的当事人，应当给予指导和释明，并一次性告知当事人需要补正的内容。不得未经指导和释明即以起诉不符合条件为由不接收起诉状。

强制要求人民法院有释明和指导的义务，且必须一次性告知，其意义在于禁止法院以起诉状内容欠缺或者存在其他错误为由，不断要求当事人补正，变相拒绝立案[1]。当事人拒绝补正或经补正后仍不符合法定起诉条件的，人民法院应当裁定不予立案[2]。

四、立案后裁定驳回起诉

人民法院在接收起诉状后 7 日内仍不能作出判断的，应当先予立案。在法院立案后，法院审查发现，起诉不符合法定条件，应该裁定驳回起诉。这是对当事人诉权的尊重，很多案件七日内无法判断，既然有驳回起诉作为备选裁判方式，不如尽可能地保护当事人诉权，充分给予当事人救济权利的机会。

---

〔1〕　袁杰主编：《中华人民共和国行政诉讼法解读》，中国法制出版社 2014 年版，第 142 页。

〔2〕　参见《最高人民法院关于人民法院登记立案若干问题的规定》第 7 条第 3~4 款。

应当警惕的是，人民法院在原告提起诉讼后可能既不立案，也不裁定不予立案。在这种情形下，当事人可以向上一级人民法院起诉。上一级人民法院认为符合起诉条件的，应当立案、审理，也可以指定其他下级人民法院立案、审理。

经典案例

袁某辉、李某平诉安徽省六安市裕安区
人民政府土地征收案[1]

一、基本案情

2005 年安徽星辰置业有限公司拟在石塘村六单路东侧建设蔬菜批发市场，并进行了征收调查上报材料工作。2006 年 8 月经安徽省人民政府批准[2]，同意在石塘村六单路东侧补办转用并征收农民集体用地 18.8705 公顷（其中耕地 10.572 公顷），补办征收农民集体建设用地 2.1330 公顷、未利用地 0.8097 公顷，以上合计批准补办建设用地 21.8132 公顷，出让给安徽星辰置业有限公司，用于新安蔬菜批发加工综合开发项目工程建设，后由于六安市城市规划调整，此地块被置换为建设用地。2007 年 7 月 4 日裕安区国土资源局挂牌出让该地块，同年 8 月 17 日由浙江丰泰房地产开发有限公司以 6720 万元竞得，同年 11 月 9 日，该公司取得裕安区发展和改革委员会同意对新安镇石塘村商住综合开发建设项目予以备案（发改项目（2007）174 号通知），2008 年 12 月 31 日办理了《建设用地规划许可证》。

2009 年 8 月 6 日，六安市住房和建设委员会对本案当事人袁某辉、李某平所在地块发布拆迁公告，在拆迁期限内袁某辉、李某平与开发企业未能达成拆迁补偿协议，同年 12 月 18 日，六安市住房和建设委员会对袁某辉、李某平作出六拆裁字（2009）68 号城市房屋拆迁裁决。2013 年 11 月 20 日袁某辉、李某平承包的菜地被推掉，其住房至今尚未拆除。

---

〔1〕 案号：（2017）最高法行申 4248 号。
〔2〕 皖政地（补）（2006）245 号《关于补办新安蔬菜批发加工综合开发项目工程建设用地的批复》。

　　袁某辉、李某平对征地拆迁不服，经多次信访未能如愿，遂于 2014 年 12 月 30 日，以安徽省六安市裕安区人民政府（以下简称裕安区政府）作出的征地行为侵害其合法权益为由，向安徽省六安市中级人民法院提起本案诉讼，请求判决确认裕安区政府土地征收行为违法。

　　安徽省六安市中级人民法院一审认为：袁某辉、李某平所诉行政行为是对于涉案地块的征收决定，袁某辉、李某平提起行政诉讼已超过行政起诉期限，据此，依照《2015 年司法解释》第 3 条第 1 款第 2 项之规定，裁定驳回袁某辉、李某平的起诉〔1〕。

　　袁某辉、李某平不服一审裁定，向安徽省高级人民法院提起上诉。

　　安徽省高级人民法院二审认为袁某辉、李某平所诉行政行为是涉案地块的征收批复和征收决定，认定征地批复不属于行政审判权限范围，而诉征地决定已超过法定起诉期限且无正当理由，据此，裁定驳回上诉，维持一审裁定〔2〕。

　　袁某辉、李某平不服一、二审裁定，向最高人民法院申请再审。

　　最高人民法院认为袁某辉、李某平的诉讼请求并不明确，一审法院应当向袁某辉、李某平予以释明告知其明确诉讼请求，而非径行推定袁某辉、李某平的诉讼请求并作出裁判。最高人民法院裁定指令安徽省高级人民法院再审本案。

二、法律问题

　　本案需要解决的问题是当涉案征地行为包含多个行政行为，且多个行政行为的行政主体都不一致，而原告诉讼请求不明确时，应当如何处理。

三、法律评析

　　诉讼请求是诉的基本内容，不同的诉讼请求决定了案件争议点及其性质的不同，因此《行政诉讼法》第 49 条明确规定，提起行政诉讼应当有具体的诉讼请求和事实根据。具体的诉讼请求是指原告对被告提出的具体的权利主

---

　　〔1〕　案号：（2015）六行初字第 00012 号。
　　〔2〕　案号：（2015）皖行终字第 00179 号。

张和对人民法院作出何种判决的要求。在行政诉讼中，原告常常囿于法律知识的不完备，在原告诉讼请求并不确定、明确时，就无法确定原告所主张的何种实体权利，人民法院不能也不应进行审理。因此，在当事人诉讼请求不明确的情形下，人民法院应当要求当事人明确其诉讼请求；若人民法院在诉讼请求不明确的情形下，径行推定诉讼请求而进行审理和裁判，说明人民法院对当事人所主张的实体权利缺乏清晰的判断，其裁判也缺乏相应的事实基础。

人民法院在审查起诉人起诉时，应当审查起诉人的诉讼请求是否明确，尤其在涉案行政行为包含多个行为时，应当尤其注意。当起诉人的诉讼请求不明确时，人民法院应该有向起诉人释明和指导的义务。

结合本案，袁某辉、李某平一审的诉讼请求为请求确认征地拆迁行为违法，而征地行为包含征地批复、征地决定、征地实施等系列行政行为，存在多个行政行为，且各行政行为之间的时间跨度较大，若无法明确袁某辉、李某平所诉的行政行为，最为直接的影响将是无法确定起诉期限起算点，更核心的影响则是无法确定司法审查的对象。一审法院将征地决定推定为被诉行政行为，二审法院将征地批复与征地决定推定为被诉行政行为，且均认定袁某辉、李某平的起诉已超过法定期限。但袁某辉、李某平提起本案诉讼的重要原因之一，系认为强挖其承包的菜地等征地实施行为侵犯其合法权益。按照袁某辉、李某平诉称的征地实施行为作出时间即 2013 年 11 月，袁某辉、李某平于 2014 年底提起本案诉讼，并未超过法定期限。原审法院对此事实并未进行核实，径行确认诉讼请求并作出裁判，属于认定事实不清。

四、参考意见

当事人提起行政诉讼的诉讼请求应当具体、明确。原告诉讼请求不明确的，人民法院不能未经释明而径行确定诉讼请求进行审理，而应当释明并告知原告予以明确，当事人拒绝纠正的，人民法院可以裁定驳回起诉。人民法院未经释明而径行确定诉讼请求进行审理并作出裁判，属于认定事实不清。

📚 拓展案例

江苏大方广告有限公司诉浙江省桐乡市人民政府
城建行政强制及行政赔偿案[1]

一、基本案情

江苏大方广告有限公司（以下简称大方公司）在浙江省桐乡市屠甸镇建有广告牌2座，在桐乡市高桥镇有广告牌2座。嘉兴市公路边"三改一拆"工作领导小组办公室在2014年8月9日《嘉兴日报》上发布《嘉兴市高速公路沿线户外广告设施整治通告》，要求嘉兴市行政区域内未经依法审批擅自设置的违法广告设施应当自通告发布之日起40日内自行拆除。逾期不拆除的，将由相关部门依法强制拆除。桐乡市高速公路沿线广告专项整治领导小组办公室于2014年9月1日向大方公司发出桐乡限拆（2014）第28号《责令限期拆除通知书》，责令该公司于2014年9月25日之前停止违法行为，自行拆除违法设施（违法地面构筑物），逾期未拆除的，将依法予以强制拆除。浙江省桐乡市屠甸镇人民政府（以下简称屠甸镇政府）委托第三方于2014年9月21日、9月25日将大方公司的2座广告牌拆除；浙江省桐乡市高桥镇人民政府（以下简称高桥镇政府）委托第三方于2014年9月24日将大方公司的2座广告牌拆除。大方公司不服上述拆除行为，以浙江省桐乡市人民政府（以下简称桐乡市政府）为被告提起行政诉讼，请求法院判决确认桐乡市政府强制拆除其4座广告牌行为违法并赔偿经济损失160万元。

浙江省嘉兴市中级人民法院一审认为：原告要求确认强制拆除广告牌行为违法应以屠甸镇政府和高桥镇政府为被告。诉讼中，经法院释明原告坚持不同意追加或变更高桥镇政府和屠甸镇政府为被告，屠甸镇政府和高桥镇政府作为第三人参加诉讼。原告主张桐乡市政府拆除广告牌并要求其进行赔偿证据不足。据此作出（2015）浙嘉初字第4号行政判决：驳回原告大方公司要求确认桐乡市政府强制拆除原告广告牌违法并进行赔偿的诉讼请求。大方公司不服，提出上诉。

---

[1]　案号：（2016）最高法行申2519号。

浙江省高级人民法院二审认为：二审原告系以桐乡市政府为被告提起的诉讼，原审法院经审查后认为该被告不适格，遂告知二审原告变更被告为屠甸镇政府和高桥镇政府，但二审原告拒绝变更。《2015年司法解释》第3条第1款第3项规定〔1〕，错列被告且拒绝变更的，已经立案的，应当裁定驳回起诉。原审法院未能依照上述规定裁定驳回二审原告的起诉，却错误地追加该两镇人民政府为原审第三人参加诉讼，并作出驳回二审原告诉讼请求之判决等均存在错误，依法应予纠正。二审被告桐乡市政府的负责人未依照《行政诉讼法》第3条第3款规定出庭应诉，法院依法予以指正。据此作出（2015）浙法行终字第341号裁定：①撤销嘉兴市中级人民法院（2015）浙嘉行初字第4号行政判决；②驳回大方公司的起诉。大方公司向最高人民法院申请再审。

最高人民法院认为：桐乡市政府虽然向再审原告大方公司作出了《责令限期拆除通知书》，但有关证据显示实际拆除行为系由屠甸镇政府、高桥镇政府作出，并无充分证据证明桐乡市政府是涉案广告牌的直接拆除主体。原审法院考虑上述因素，告知原告再审变更被告，并无不妥。在再审原告拒绝变更的情形下，二审法院根据《2015年司法解释》第3条第1款第3项有关"有下列情形之一，已经立案的，应当裁定驳回起诉：……③错列被告且拒绝变更的……"的规定，纠正了一审法院未按上述规定裁定驳回起诉，而是错误追加该屠甸镇政府、高桥镇政府以原审第三人身份参加诉讼的做法，撤销一审判决，裁定驳回起诉，并无不当。裁定驳回再审原告大方公司的再审申请。

二、法律问题

大方公司是否错列被告，若错列被告且经法院释明，不予更正的，法院应如何处理？

三、重点提示

桐乡市政府向大方公司作出了《责令限期拆除通知书》，但拆除行为系屠甸镇政府、高桥镇政府作出。《责令限期拆除通知书》和拆除行为是什么联

---

〔1〕 现行有效的《2018年司法解释》第69条第1款第3项沿袭了《2015年司法解释》第3条第1款第3项规定。

系，是否可以将桐乡市政府、屠甸镇政府和高桥镇政府列为共同被告？本案中，人民法院应当认定原告大方公司是属于诉讼请求不明确，还是错列被告？

阅读资料

二维码 4 - 5

| 第五章 |

审理和裁判

审理与裁判一章下设七个专题，分别是参照规章、规范性文件附带审查制度、撤销行政行为并判决重作的适用、履行法定职责判决的适用、基于利益衡量的确认违法判决的适用、确认无效判决的适用和行政协议的认定及其裁判方式。

行政诉讼中，需要解决的一个重要问题就是法院应当如何适用法律法规等规范性文件。根据《立法法》的规定，我国建构了以宪法、法律、行政法规、地方性法规、规章、一般规范性文件为架构的效力等级体系。在这一效力等级体系中，下位法以上位法作为制定根据，下位法不能与上位法抵触或者不一致。规章与规范性文件在实践中大量被作为行政行为的依据，但其本身存在着制定不规范、逾越上位法权限等问题，这两类文件本身的合法性关乎行政行为的合法性。因此，我国《行政诉讼法》规定了参照规章和规范性文件附带审查两项制度。

在大陆法系国家，行政诉讼一般采取诉讼类型化的方式，即以法律关系为基础、以行政行为和诉讼请求为参照，构建诉讼类型，规定不同的起诉类型与判决类型以对应原告不同的诉讼请求。我国并未建立起严格的行政诉讼类型化制度，但已经基本实现了判决的类型化。根据我国《行政诉讼法》第1条的规定，行政诉讼的目的或者功能包括解决行政争议、保护公民、法人或者其他组织的合法权益、监督行政机关依法行使职权，即争议解决、权益保障和合法性审查三个方面。行政诉讼中之所以存在不同的判决类型，也即是此。所有的判决类型都以合法性审查为基础，但有的判决类型可能侧重于争议解决、有的侧重于权益保障，有的兼而有之。《行政诉讼法》和《2018年司法解释》规定了十种判决类型，分别是驳回诉讼请求判决、撤销判决、重作判决、履行判决、给付判决、确认违法判决、确认无效判决、变更判决、行政协议判决和行政赔偿判决。

在行政诉讼判决的相互关系上，以上十种判决以撤销判决为核心，撤销判决一般仅适用于具体行政行为。重作判决可以作为撤销判决的从判决而存在。同时，确认判决具有补充性，仅当不能通过其他判决达致目的时，才有适用确认判决的可能。在个案中，法院基于原告的诉讼请求选择不同的判决，关系着原告的权益保护和行政争议的实质性解决。因此，选择一个合适的判决类型尤为重要。同时，法律为不同的判决类型设定了不同的适用条件，只有满足这些适用条件，这一判决类型才能被合法适用于行政诉讼中。

专题一　参照规章

知识概要

《行政诉讼法》第 63 条第 3 款规定："人民法院审理行政案件，参照规章。"行政规章是由法定的行政机关，依照法定的权限和程序制定的规范性文件。根据我国《宪法》和《立法法》的规定，规章可以分为部门规章和地方政府规章。部门规章是指由国务院各部、各委员会、中国人民银行、审计署和具有行政管理职能的直属机构，根据法律和国务院的行政法规、决定、命令，在本部门的权限范围内制定的，部门规章规定的事项应当属于执行法律或国务院的行政法规、决定、命令的事项。地方政府规章是指省、自治区、直辖市和设区的市人民政府，根据法律、行政法规和地方性法规制定的，属于执行法律、行政法规和地方性法规的事项，或者属于本行政区域的具体管理事项。

尽管《立法法》《规章制定程序条例》等法律法规为规章的制定设定了严格的主体程序，但目前规章存在的问题仍然不少。然而，司法审查很大程度上必须依据规章，如果完全不考虑规章的规定，司法审查是不可能进行的，因为行政机关面临法律、法规规定的模糊性，在日常的行政执法中适用更多的是规章。这也是规章作为法律、法规具体化的表现。在这种情况下，人民法院司法审查离开规章，就很难对被诉行政行为的合法性进行审查。在某些情况下，可能存在行政机关直接依据规章的授权而实施行政行为，如《行政处罚法》中有关规章可以设定一定罚款和警告的行政处罚的规定，如果行政机关依据这类规章作出行政行为，人民法院跳过规章审查行政行为更是空谈。

"参照"规章意味着法院对于规章享有有限的司法审查权。在行政诉讼中，对于在制定主体权限范围内、符合制定程序、不与法律法规相抵触的规章，法院要参照审理；对于超越权限制定的、违反法定程序制定的、与法律法规相抵触的规章、不符合或不完全符合法律、行政法规原则精神的规章，法院可以有灵活处理的余地。"参照"不同于"依据"，"参照"比"依据"规格要低一些，如果行政机关的行政行为是依据不符合法律、法规规定或者法律原则的规章作出的，人民法院就不应该使用该规章，但法院无权在判决书中明确宣布该规章无效，而只有不予适用的权力，可不将此规章作为审理案件的依据。

经典案例

鲁潍（福建）盐业进出口有限公司苏州分公司诉江苏省苏州市盐务管理局盐业行政处罚案[1]

一、基本案情

案件事实：2007年11月12日，原告鲁潍（福建）盐业进出口有限公司苏州分公司（以下简称鲁潍公司）从江西等地购进360吨工业盐。被告江苏省苏州市盐务管理局（以下简称苏州盐务局）认为原告从事工业盐购销和运输时，应当按照《江苏省〈盐业管理条例〉实施办法》第23条、第24条的规定办理工业盐准运证，原告未办理工业盐准运证即从省外购进工业盐涉嫌违法；2009年2月26日，被告经听证、集体讨论后认为原告未经江苏省盐业公司调拨或盐业行政主管部门批准从省外购进盐产品的行为违反了国务院《盐业管理条例》第20条，江苏省人民政府《江苏省〈盐业管理条例〉实施

---

[1] 案号：(2009)金行初字第0027号。选自"最高人民法院关于发布第二批指导性案例的通知"。

办法》第 23 条、第 32 条第 2 项的规定，并根据实施办法第 42 条的规定对原告作出了（苏）盐政一般〔2009〕第 001－B 号处罚决定书，决定没收原告违法购进的精制工业盐 121.7 吨、粉盐 93.1 吨，并处罚款。原告不服该决定，于 2009 年 2 月 27 日向苏州市人民政府申请行政复议。苏州市人民政府于 2009 年 4 月 24 日作出了复议决定，维持了被告作出的处罚决定。

原告诉称：原告是经工商行政管理机关核准注册、具有工业盐经营范围的市场经济主体。被告根据江苏省人民政府《江苏省〈盐业管理条例〉实施办法》的规定认定原告购买、运输工业盐未经批准构成违法，并对原告作出行政处罚，其具体行政行为执法主体错误、程序违法、认定事实错误、适用法律错误、执法目的错误。盐务局无权管理工业盐，无相应执法权。根据国家计委、国家经贸委《关于改进工业盐供销和价格管理办法的通知》等规定，国家取消了工业盐准运证和准运章制度，工业盐也不属于国家限制买卖的物品。《江苏省〈盐业管理条例〉实施办法》的相关规定与上述精神不符，违反了国务院《关于禁止在市场经济活动中实行地区封锁的规定》的规定，还分别违反了《行政许可法》和《行政处罚法》的规定，均属于违反上位法设定的许可和处罚。

被告辩称：根据国务院《盐业管理条例》第 4 条和《江苏省〈盐业管理条例〉实施办法》第 4 条的规定，苏州盐务局有作出盐务行政处罚的相应职权。《江苏省〈盐业管理条例〉实施办法》是根据《盐业管理条例》的授权制定的，属于法规授权制定，整体合法有效。苏州盐务局根据《江苏省〈盐业管理条例〉实施办法》设立准运证制度的规定作出行政处罚并无不当。《行政许可法》《行政处罚法》均在《江苏省〈盐业管理条例〉实施办法》之后实施，根据《立法法》法不溯及既往的规定，《江苏省〈盐业管理条例〉实施办法》仍然应当适用。鲁潍公司未经省盐业公司或盐业行政主管部门批准而购买工业盐的行为，违反了《盐业管理条例》的相关规定。

诉讼请求：请求人民法院判决撤销被告作出的行政处罚决定。

法院裁判：被告在依职权对原告作出行政处罚时虽然适用了相关法律规范，但未遵循《立法法》第 89 条关于法律效力等级规定的适用原则，未依据《行政许可法》和《行政处罚法》的相关规定作出，属适用法律错误，依法应予撤销。

二、法律问题

1. 地方性法规或地方政府规章能否设定工业盐准运证这一新的行政许可？
2. 地方政府规章能否对其他企业经营盐的批发业务设定行政处罚？
3. 如何参照适用规章？

三、法理分析

本案被诉行政行为是被告苏州盐务局作出的行政处罚行为。原告的诉讼请求为请求人民法院撤销该行政行为，理由为执法主体错误、程序违法、认定事实错误、适用法律错误、执法目的错误。通过对被诉行政行为的分析，可知该行政行为的作出主体苏州盐务局具有作出该行政行为的权限，且处罚前经过了听证和集体讨论的程序，因此不存在《行政诉讼法》中所规定的超越职权、违法法定程序等情形。对于原告所提出的适用法律错误，也即被诉行政行为的依据——江苏省政府发布的《江苏省〈盐业管理条例〉实施办法》是否合法的问题。对于此问题的判断必须回溯到《行政许可法》《行政处罚法》有关地方政府规章设定行政许可和行政处罚的权限中去。

根据《行政许可法》第 15 条第 1 款、第 16 条第 3 款的规定，在已经制定法律、行政法规的情况下，地方政府规章只能在法律、行政法规设定的行政许可事项范围内对实施该行政许可作出具体规定，不能设定新的行政许可。根据《行政处罚法》第 13 条的规定，在已经制定行政法规的情况下，地方政府规章只能在法律、法规规定的给予行政处罚的行为、种类和幅度内作出具体规定。因此，法律及国务院《盐业管理条例》没有设定工业盐准运证这一行政许可，地方政府规章不能再设定工业盐准运证制度；国务院《盐业管理条例》对盐业公司之外的其他企业经营盐的批发业务没有规定行政处罚，地方政府规章不能对该行为规定行政处罚。苏州盐务局对鲁潍公司作出行政处罚，虽然符合《江苏省〈盐业管理条例〉实施办法》的有关规定，但是由于该实施办法的规定，违反了《行政许可法》第 15 条第 1 款、第 16 条第 3 款、第 83 条第 2 款的规定和《行政处罚法》第 13 条、第 64 条第 2 款的相关规定，人民法院在审理时应当不予参照适用。

在被诉行政行为所依据的规章被人民法院认定为违反上位行政法规以及

法律的情况下，该被诉行政行为因适用法律、法规错误而没有合法性，因此，法院据此作出撤销被诉行政行为的判决。

四、参考意见

法律、行政法规未对相关领域或事项设定行政许可或者行政处罚的，地方政府规章不得增设行政许可或者行政处罚。地方政府规章违反上位法规定，增设行政许可或行政处罚的，人民法院在行政审判中不予适用。

🔖 拓展案例

陈某英等诉广东省住房和城乡建设厅复议决定案[1]

一、基本案情

2007 年 8 月 27 日，广州市原城市规划局作出穗规地证（2007）1102 号《建设用地规划许可证》（以下简称 1102 号规划许可证），用地单位为广州市番禺区土地开发中心，用地项目为居住用地，用地位置为番禺区化龙镇水门、草堂村，用地面积 42 909 平方米，根据《中华人民共和国城市规划法》第 31 条规定，准予办理征用划拨土地手续。2015 年 11 月 26 日，陈某英等五人向广东省住房和城乡建设厅（以下简称广东省住建厅）申请行政复议，请求撤销 1102 号规划许可证。2015 年 12 月 2 日，以陈某英等五人提出的行政复议申请超过法定申请期限为由，对行政复议申请不予受理。陈某英等五人提起本案行政诉讼，请求撤销广东省住建厅作出的 6 号不予受理决定，判决广东省住建厅受理其行政复议申请。

法院认为：《行政诉讼法》第 63 条第 3 款规定："人民法院审理行政案件，参照规章。"《住房城乡建设行政复议办法》系中华人民共和国住房和城乡建设部制定的部门规章，人民法院在审理行政案件中，依法可以参照适用，且该办法并不与上位法相冲突，因此参照适用并无不当。

二、法律问题

行政审判中对于合法的行政规章应该如何适用？

---

[1] 案号：（2017）最高法行申 2874 号。

三、重点提示

当事人对规章有异议的，人民法院应当对规章进行审查，审查该规章是否存在与上位法冲突之处，经审查后认为规章合法的，应当予以适用。

◈ 阅读资料

二维码 5 – 1

专题二　规范性文件附带审查制度

◈ 知识概要

《行政诉讼法》第53条第1款规定："公民、法人或者其他组织认为行政行为所依据的国务院部门和地方人民政府及其部门制定的规范性文件不合法，在对行政行为提起诉讼时，可以一并请求对该规范性文件进行审查。"第64条规定："人民法院在审理行政案件中，经审查认为本法第53条规定的规范性文件不合法的，不作为认定行政行为合法的依据，并向制定机关提出处理建议。"

根据《宪法》和法律的规定，我国行政机关制定的规范性文件包括行政法规、规章和一般规范性文件。行政规范性文件是指行政机关制定和发布的，除行政法规和行政规章之外的，针对不特定主体、可以反复使用的、具有普遍约束力的规范性文件。行政规范性文件也被称为行政规定、红头文件等。学理上通常被称为"抽象行政行为"。作为一个法律概念，行政规定首次出现在《行政复议法》第7条中，按照制定主体，行政规定包括三种类型：国务院部门的规定；县级以上地方各级人民政府及其工作部门的规定；乡、镇人民政府的规定。作为行政机关行使职权的依据之一，行政规范性文件大量存在于行政实践中，没有行政规范性文件作为行政依据，行政机关有时难以依法行政，法院在司法审查中面对依据行政规范性文件作出的行政行为，也无法跳过该规范性文件而去直接审查被诉行政行为的合法性。

通说认为，行政诉讼中对规范性文件附带审查的规定来源于《行政复议法》第 7 条，该条规定：公民、法人或者其他组织认为行政机关的具体行政行为所依据的下列规定不合法，在对具体行政行为申请行政复议时，可以一并向行政复议机关提出对该规定的审查申请：①国务院部门的规定；②县级以上地方各级人民政府及其工作部门的规定；③乡、镇人民政府的规定。前款所列规定不含国务院部、委员会规章和地方人民政府规章。规章的审查依照法律、行政法规办理。由于规范性文件的适用主体通常为其制定主体本身或制定主体的下级机关，因此，《行政复议法》在 1999 年即规定复议机关可以对规范性文件进行审查，却直至 2014 年才赋予法院的审查权。但《行政诉讼法》没有明确规定对规范性文件进行合法性审查的标准。《最高人民法院关于审理行政案件适用法律规范问题的座谈会纪要》提出：这些具体应用解释和规范性文件不是正式的法律渊源，对人民法院不具有法规范意义上的约束力。法院不但要审查这些规范性文件是否合法、有效，也要审查是否合理、适当；不但要排除不合法、不合理的规范性文件的适用，还可以在裁判理由中对其是否合法、有效、合理或适当进行评述。至于国务院部门或者省级政府制定的规范性文件对同一事项的规定不一致的，人民法院可以参照规章的冲突解决进行处理。

◆ 经典案例

丹阳市珥陵镇鸿润超市诉丹阳市市场监督管理局
不予变更经营范围登记案[1]

一、基本案情

案件事实：原告丹阳市珥陵镇鸿润超市（以下简称鸿润超市）系已依法领取了个体工商户营业执照的合法经营者。原告因拟增加蔬菜零售经营范围，

---

〔1〕 案号：（2015）丹行初字第 00052 号。载《最高人民法院公报》2018 年第 6 期。

于 2015 年 2 月 5 日书面向被告丹阳市市场监督管理局（以下简称丹阳市监局）申请变更登记。2015 年 2 月 16 日，被告以超市距珥陵农贸市场不足 200 米，不符合丹阳市人民政府丹政办发（2012）29 号文件中"为规范经营秩序，菜市场周边 200 米范围内不得设置与菜市场经营类同的农副产品经销网点"的规定为由，决定对原告的变更申请不予登记。

原告诉称：被告作为有行政执法权的国家行政机关，应当以国家的法律、行政法规和规章为执法依据。丹阳市人民政府文件不属于《立法法》所规定的法律范畴。在《个体工商户条例》《个体工商户登记管理办法》以及商务部的《标准化菜市场设置与管理规范》等国家的法律规定中，均无类似经营限制，被告以丹阳市人民政府的文件为依据，对原告的变更申请作出不予登记的行政行为，显然于法无据。

被告辩称：原告于 2015 年 2 月 5 日向被告提交《个体工商户变更登记申请书》，申请增加蔬菜零售经营范围。被告出具了《个体工商户变更登记受理通知书》。经对申请材料的相关实质内容进行核实，原告鸿润超市距珥陵农贸市场不足 200 米，不符合丹阳市人民政府丹政办发（2012）29 号《关于转发市商务局〈丹阳市菜市场建设规范〉的通知》中"为规范经营秩序，菜市场周边 200 米范围内不得设置与菜市场经营类同的农副产品经销网点"的规定。被告作出了《个体工商户登记驳回通知书》，决定对原告的变更申请不予登记。丹政办发（2012）29 号文是丹阳市人民政府为了规范菜市场建设，促进长效管理而制定的针对不特定人作出的规定，是一种规范性文件，符合国务院国发（2014）7 号《国务院关于印发注册资本登记制度改革方案的通知》和省政府 2013 年第 63 号《专题会议纪要》精神。镇江市人民政府镇政发（2014）12 号《关于工商登记制度改革的意见（试行）（五）》也明确规定"菜市场周边 200 米范围内不得设置与菜市场经营类同的农副产品经销网点"。故被告依据丹政办发（2012）29 号文对原告的申请作出的驳回决定符合法律规定。

诉讼请求：①撤销被告对原告作出的《个体工商户登记驳回通知书》；②判令被告对原告经营范围中增加蔬菜零售项目的申请进行变更登记；③本案的诉讼费用由被告承担。

法院裁判：①撤销被告丹阳市监局于 2015 年 2 月 16 日作出的（11810187）

个体工商户变更（2015 年）第 02160001 号《个体工商户登记驳回通知书》；②被告丹阳市监局于本判决生效后 15 个工作日内对原告鸿润超市的申请重新作出登记。

二、法律问题

丹阳市监局作出的《个体工商户登记驳回通知书》是否合法？

三、法理分析

本案系原告向被告申请个体工商户变更登记而被驳回所引起的纠纷。被诉行政行为即被告丹阳市监局向原告作出的《个体工商户登记驳回通知书》，被告的主要理由是原告鸿润超市距珥陵农贸市场不足 200 米，不符合丹阳市人民政府丹政办发（2012）29 号文件中"为规范经营秩序，菜市场周边 200 米范围内不得设置与菜市场经营类同的农副产品经销网点"的规定，也即被诉行政行为的法律依据是丹阳市人民政府丹政办发（2012）29 号这一行政规范性文件。

在本案中，原告起诉的主要理由是被诉行政行为适用法律、法规错误。审查被诉行政行为是否属于适用法律、法规错误，必须要回溯到该行政规范性文件是否与上位法律、法规或者规章不一致的判断中。这一判断，应当参照我国《宪法》《立法法》和《中华人民共和国各级人民代表大会常务委员会监督法》关于有权机关撤销或改变法律、行政法规、地方性法规、规章和规范性文件的规定。例如，《宪法》第 62 条、第 89 条、第 99 条、第 104 条、第 108 条使用了"不适当"的表述，《宪法》第 67 条使用了"相抵触"的表述。《立法法》第 97 条关于撤销或者改变权限的规定承袭了我国《宪法》的表述，但《立法法》第 96 条却明确提出了撤销或者改变的 5 种情形，这可以看作是对"不适当"和"相抵触"标准的具体化。综合上述法律规定，可以将撤销或者改变的情形归纳如下三类：①超越法定权限；②下位法违反上位法规定；③违背法定程序。规范性文件附带审查可以借鉴和采纳这些标准。鉴于 2015 年修改后的我国《立法法》第 80 条和第 82 条就规章增加了不得减损权利、增加义务的规定，规范性文件附带审查也可以参照《立法法》对规章的规定，即没有法律、行政法规、地方性法规、规章的依据，规范性文件不得增加公民、法人和其他组织的义务、减损其权利。

丹阳市人民政府丹政办发（2012）29号规定与商务部《标准化菜市场设置与管理规范》不一致，也与《商务部等13部门关于进一步加强农产品市场体系建设的指导意见》（商建发〔2014〕60号）第7项"积极发展菜市场、便民菜店、平价商店、社区电商直通车等多种零售业态"的指导意见不相符，违反国家对个体工商户实行的市场平等准入、公平待遇的原则。依据《行政诉讼法》第64条的规定，人民法院审理行政案件，经审查认为本法第53条规定的规范性文件不合法的，不作为认定行政行为合法的依据，并向制定机关提出处理建议，认定该规范文件不能作为证明行政行为合法性的依据。因此被告对原告的申请作出不予登记的行政行为缺乏法律依据，依法应予撤销。

四、参考意见

规范性文件在没有上位法依据的情况下减损权力、增加义务的，或者明显违反平等原则的，该文件不能作为认定行政行为合法性的依据。

📚 拓展案例

袁某北诉江西省于都县人民政府物价行政征收案[1]

一、基本案情

袁某北的住房属江西省于都县中心城区规划范围。江西省于都县人民政府（以下简称于都县政府）委托于都县自来水公司，根据袁某北户从2010年2月1日起至2015年11月的自来水使用情况，征收了袁某北户的污水处理费共计1273.2元。袁某北以于都县政府对其征收污水处理费违法为由，诉至法院，请求于都县政府全部退还已征收的污水处理费；依法对《于都县城市污水处理费征收工作实施方案》（以下简称《实施方案》）的合法性进行审查。

江西省高级人民法院二审认为，《水污染防治法》第49条第4款、第5款规定："城镇污水集中处理设施的运营单位按照国家规定向排污者提供污水处理的有偿服务，收取污水处理费用，保证污水集中处理设施的正常运行。

---

〔1〕 案号：（2016）赣行终245号。

收取的污水处理费用应当用于城镇污水集中处理设施的建设运行和污泥处理处置,不得挪作他用。城镇污水集中处理设施的污水处理收费、管理以及使用的具体办法,由国务院规定"。国务院《城镇排水与污水处理条例》第32条规定:"排水单位和个人应当按照国家有关规定缴纳污水处理费。"中华人民共和国财政部、中华人民共和国国家发展和改革委员会《污水处理费征收使用管理办法》(以下简称《管理办法》)第8条规定:"向城镇排水与污水处理设施排放污水、废水的单位和个人(以下称缴纳义务人)应当缴纳污水处理费"。江西省发改委赣发改收费字〔2010〕135号《关于统一调整全省城市污水处理费征收标准的通知》及赣州市物价局赣市价费字〔2010〕15号《关于核定于都县城市污水处理费征收标准的批复》确定的征收范围均明确为"在城市污水集中处理规划区范围内向城市排污管网和污水集中处理设施排放达标污水的所有用水单位和个人"。但《实施方案》所确定的污水处理费征收范围却扩大至"于都县中心城区规划区范围内所有使用城市供水的企业、单位和个人",违反法律、行政法规、规章及上级行政机关规范性文件规定,不能作为于都县政府征收袁某北污水处理费的合法性依据。在袁某北未向城市排污管网和污水集中处理设施排放污水的情况下,于都县政府向其征收污水处理费没有事实和法律依据,应予返还。故判决撤销于都县政府征收袁某北城市污水处理费的行为,责令于都县政府于判决生效之日起30日内向袁某北返还1273.2元污水处理费。此后,江西省高级人民法院向于都县政府发送司法建议,建议其对涉案规范性文件的相关条款予以修改。

二、法律问题

规范性文件能否扩大上位法所限定的范围?

三、重点提示

在上位法限定了相关不利影响范围的情况下,下位法扩大该不利影响的范围,实质上是对相关主体的权利进行限缩并增加了义务的情况,属于违反上位法的情形。《2018年司法解释》第149条规定,规范性文件不合法的,人民法院可以在裁判生效之日起3个月内向规范性文件的制定机关提出修改或废止该规范性文件的司法建议。司法建议作为法律赋予人民法院的一项重要职责，是充分发挥审判职能的重要方式。人民法院在规范性文件附带审查后向有关机关发出司法建议，可以提高执法质量、体现司法监督的效果。

📚 阅读资料

二维码 5-2

专题三　撤销行政行为并判决重作的适用

📚 知识概要

《行政诉讼法》第70条规定："行政行为有下列情形之一的，人民法院判决撤销或者部分撤销，并可以判决被告重新作出行政行为：①主要证据不足的；②适用法律、法规错误的；③违反法定程序的；④超越职权的；⑤滥用职权的；⑥明显不当的。"第71条规定："人民法院判决被告重新作出行政行为的，被告不得以同一的事实和理由作出与原行政行为基本相同的行政行为。"这两个条款构成了我国《行政诉讼法》判决类型体系中的撤销判决和重作判决。撤销判决是指人民法院认定被诉行政行为全部或部分违法，从而全部或部分撤销被诉行政行为，是消灭被诉行政行为全部或者部分法律上效力的一种否定性裁判，这一判决作出后，视为行政机关没有作出任何决定，恢复行政行为作出之前行政主体与相对人之间的状态。撤销判决作为主判决形式之一，在被诉行政行为具有可分性时，根据撤销判决的主文内容，可以分为部分撤销判决和全部撤销判决。相应的，重作判决作为撤销判决的附带判决，是指法院判决撤销或者部分撤销被诉行政行为，并要求被告重新作出行政行为的判决。《行政诉讼法》之所以在撤销判决之项下设置一个重作判决，主要是为了防止行政机关怠于履行法定职责，进而损害行政相对人的合法权益。

主要证据不足是指被诉行政行为作出时据以决定案件基本事实的证据不充分。该项强调"主要"证据不足，是与行政效率要求有关，同时也与行政行为轻微瑕疵可补正相区分。如果个案中非主要证据不足，则不构成撤销判决的适用条件。一般来说，与案件基本事实有关的证据为主要证据，即涉及何人在何地做了何事，以及因此而产生了什么后果的证据，这些证据是否直接影响到行政相对人行为性质的确定、法条选择等的裁量。适用法律、法规错误包括适用具体法律的错误、适用某一法律条款的错误、使用了未生效的法律法规、适用了已经废止的法律法规等。对于法律法规的解释应当扩大到行政规章和规范性文件。适用法律、法规错误往往会导致行政行为定性或处理上的错误。违反法定程序是指被诉行政行为作出时缺少程序、程序颠倒，或者超出了法定时限，不具备特定形式。并非所有程序违法的行政行为均应被撤销，有一个违法程度的考量。根据《行政诉讼法》第 74 条的规定，行政行为程序轻微违法，但对原告权利不产生实际影响的，人民法院判决确认违法，但不撤销行政行为。超越职权包括无权限、超越级别职权、超越地域职权、超越时间权限等。滥用职权指行政机关实施的行政行为背离了法律、法规的原则、精神和目的，不正当地行使了职权，主要表现为：行使行政职权不是出于公共目的的需要；不相关考虑；极不合理或显示公正。明显不当是指被诉行政行为虽然没有违反法律的禁止性规定，但是却明显不合情理或者不符合公正要求。表现为不符合惯例、违反平等原则、受不相关因素影响、裁量失当等。被诉行政行为只有在至少满足上诉情形之一后，才能进行违法性判断，进而适用撤销判决或者撤销并重作判决。

📖 经典案例

尹某玲诉台州市国土资源局椒江分局土地行政批准案[1]

一、基本案情

案件事实：尹某玲系台州市椒江区海门街道百果村村民，丈夫方某贵系非农户口，儿子方某跟随尹某玲落户农村，系百果村农村村民。方某贵共有

---

[1]　案号：（2011）浙台行终字第 136 号。

兄弟姐妹5人，父母在台州市椒江区光明路拥有2.5间房屋，合计建筑面积156.41平方米。2000年1月14日，方某贵父母办理遗嘱公证，决定在去世后将双方共同所有的房屋由5子女均分。2000年2月13日，方某贵父亲去世，母亲健在。2010年3月，尹某玲所在的百果村村民委员会允许符合条件的村民申请建房，同年3月5日，百果村村民委员会在尹某玲的《农村私人建房用地呈报表》上同意其建房1间。2010年11月17日，台州市国土资源局椒江分局下属的海门中心所向尹某玲作出答复：经椒江区国土分局领导商量意见，方某贵父母拥有2.5间老屋，按照农村审批宅基地政策，父母房屋不能分给女儿，不能审批宅基地，就此驳回了尹某玲的建房申请。尹某玲申请行政复议未获支持后，于2011年1月19日向台州市中级人民法院提起诉讼，中院指令台州市玉环县人民法院审理本案。

原告诉称：被告不予审批宅基地的答复行为错误。原告和儿子是台州市椒江区海门街道百果村的农民，户口一直在村里，从未迁移过，原告应享受村民应有待遇，被告不予审批的理由违反了国家法律和政策。

被告辩称：按照《中华人民共和国土地管理法》的规定，被告作出的答复主体合法。原告不符合申请宅基地审批的条件。根据《台州市市区农村村民住宅用地管理办法》第8条规定，申建人口按常住在册农业人口计算。《椒江区农村村民宅基地管理补充实施意见》第10条规定，祖传房屋超过25平方米的，不得再审批宅基地。原告祖传房屋面积超过再申请宅基地的标准，故无法再审批新的宅基地。被告作出的不予审批宅基地的决定既合法又合理，并不影响原告继续以城镇居民的身份向政府申请保障性住房。另外，原告只有自己和儿子户籍在农村，依照审批规定，无法按正常的分户标准分户和按农村在册农业人口数计算建房面积，故同样不具备审批宅基地的条件。

诉讼请求：请求人民法院撤销上述答复，并判令被告重新作出同意原告审批宅基地的行政行为。

法院裁判：依照《行政诉讼法》（1989）第54条第2项、第3项的规定判决：①撤销被告台州市国土资源局椒江分局于2010年11月17日对原告尹某玲作出的不予审批宅基地的答复；②责令被告台州市国土资源局椒江分局于判决生效后30日内，对原告尹某玲要求宅基地建房的申请予以审核同意。

二、法律问题

法院应当判决被告作出何种行政行为？

三、法理分析

本案系原告申请宅基地建设房屋，被告不予批准而引发的纠纷。被诉行政行为是被告台州市国土资源局椒江分局作出的不予审批宅基地的答复。原告的诉讼请求是撤销被告台州市椒江分局作出的不予审批宅基地的答复，并判令被告重新作出统一原告审批宅基地的行政行为。

本案中，被告的答复是被告对原告尹某玲提出的农村建房用地申请作出不能审批宅基地的答复，在司法审查中，应当首先对该答复的性质进行判断。被告认为，其答复行为是职能部门对具体事件的意见，不是具体行政行为。这一说法无事实根据。虽然按照《浙江省实施〈中华人民共和国土地管理法〉办法》第 36 条第 1 款的规定，农村村民建造住宅用地，应当向户口所在地的村民委员会或者农村集体经济组织提出书面申请，经村民委员会或者农村集体经济组织讨论通过并予以公布，乡（镇）人民政府审核，报县级人民政府批准。但经查明，当地在实践操作上，农村村民建造住宅申请材料在报给乡镇人民政府、街道办事处进行审核前，均先由国土资源部门予以审查，无异议后再按上述规定的程序办理。本案中，尹某玲申请宅基地建房的办理流程，遵循了此种操作办法。因此，被告的答复行为作出外化的行政行为，对原告的权利产生了实际影响，属于可诉的行政行为。

同时，从法律适用上说，方某贵系居民户口，未享受过集资建房、经济适用房、房改房或货币分房等政策，即使按照公证遗嘱，其目前能够继承的房产也不足 25 平方米。原告尹某玲的情形符合《椒江区农村村民宅基地管理补充实施意见 1》第 10 条"农嫁居人员，该户夫方未享受过集资建房、经济适用房、房改房或货币分房等政策，祖传及继承老屋建筑面积小于 25 平方米的，在符合该村村规民约和村民委员会同意的前提下，可按正常分户标准分户，并按农业在册人口数计算建房面积"的规定。根据在案证据及法律依据，被告作出的被诉答复没有事实根据与法律依据，应予撤销。法院经过二审审查判断，根据在案的证据及法律规范，尹某玲不仅依法享有该项权利，且在程序上也经过了村委会同意申报，被告除了"同意"之外，并没有作出其他行政行为的裁量判断余地，因此法院直接根据当事人的诉讼请求，判令被告重新作出特定的行政行为。人民法院在此种情形下，不仅有权限制重新作出行政行为的期限，也有权进一步限制其内容。

四、参考意见

行政诉讼中"司法审查有限性"的原则，虽未明确规定在我国《行政诉讼法》的条款之中，但这一原则可以回溯到我国《宪法》第3条"国家行政机关、监察机关、审判机关、检察机关都由人民代表大会产生，对它负责，受它监督"之规定，在《行政诉讼法》中有关受案范围、审查标准、裁判种类等条款中也能体现。这一原则的根源在于司法权相对于行政权，更倾向于保守和被动；行政权既要追求行政效率，也具有化解行政争议的资源与手段。人民法院在运用这一原则作出相应的撤销并重作的判决，应当准确判断并把握现有证据是否会导致行政机关裁量权收缩为零，只有在这种情况下，才能判令被告重新作出特定行政行为。

🔷 拓展案例

陈某祥等诉重庆市梁平县人民政府政府信息公开案[1]

一、基本案情

2015年5月5日，陈某祥、唐某全、薛某文向重庆市梁平县人民政府（以下简称梁平县人民政府）寄送了《政府信息公开申请书》，其主要内容为：①梁平县人民政府经批准的本轮土地利用总体规划，重点是仁贤镇范围内的土地利用总体规划；②2013年仁贤镇街道场镇公路改道所占土地的征地批文，该批文所涉征地红线图（即该建设项目的勘测定界图）、农用地转用方案、征收土地方案、补充耕地方案和供地方案，以及向建设单位颁发的建设用地批准书；③征地公告；④征地报批前将拟征地的用途、位置、补偿标准、安置途径告知被征地农民的情况，以及对拟征地现状的调查结果须经被征地

农村集体经济组织和农户确认的资料。梁平县人民政府于 2015 年 5 月 26 日对陈某祥、唐某全、薛某文提出的政府信息公开申请作出《梁平县人民政府办公室关于政府信息公开的答复》（梁平府办函〔2015〕14 号），并送达 3 位申请人。答复内容有两项：①你们申请的"梁平县人民政府经批准的本轮土地利用总体规划，重点是仁贤镇范围内的土地利用总体规划"，可在重庆市梁平县国土资源和房屋管理局公众信息网（规划计划专栏）进行查询，查询的网址为：http：//www. lpgtfg. gov. cn/；②你们申请公开的"仁贤镇街道场镇公路改道所占土地的征地批文"所指不清（仁贤镇城镇建设涉及多条道路建设），请指明具体的道路，以便于我们向相关单位提取档案。3 人认为梁平县政府未公开申请信息，提起行政诉讼。

重庆市第二中级人民法院经审理判决：撤销被告梁平县人民政府作出的政府信息公开答复第②项内容，责令被告重庆市梁平县人民政府对原告关于 2013 年仁贤镇街道场镇公路改道所涉相关事项的信息公开申请在判决生效之日起 15 个工作日内重新答复。

二、法律问题

在相关事实需要行政机关进一步调查或裁量时，法院应该如何判决行政机关重作？

三、重点提示

被诉行政行为被认定为需要重作，但重作的基础事实不明，或者如何重作需要行政机关裁量时，人民法院应当尊重行政机关的首次判断权，通过在判决中限定合理期限的方式促使行政机关尽快重新作出相关行为。

📖 阅读资料

二维码 5－3

专题四　履行法定职责判决的适用

📑 知识概要

《行政诉讼法》第 72 条规定：人民法院经过审理，查明被告不履行法定职责的，判决被告在一定期限内履行。《2018 年司法解释》第 91 条规定：原告请求被告履行法定职责的理由成立，被告违法拒绝履行或者无正当理由逾期不予答复的，人民法院可以根据《行政诉讼法》第 72 条的规定，判决被告在一定期限内依法履行原告请求的法定职责；尚需被告调查或者裁量的，应当判决被告针对原告的请求重新作出处理。对于履行判决的理解，需要建立在对"法定职责"这一概念理解的基础上。通过文义解释，可知其为法律规定的职责，按照我国《立法法》中的相关规定，宪法、法律、行政法规、地方性法规、规章甚至行政规范性文件都可以在广义上称为"法律"。但司法实践和学界通说认为，法定职责的含义不能局限于"法律规定的职责"，还应当包括"法律认可的职责"，即行政机关基于行政协议、先行行为、信赖利益等名义履行的职责。

行政机关不履行法定职责的表现主要有三种：一是行政机关以明示的方式拒绝履行法定职责。主要表现为：拒绝而不说明理由或者根本没有理由；拒绝虽附有理由，但该理由不是法律规定的理由；拒绝虽有一定的理由，但尚不足以构成作出拒绝行为的根据；在现实中还有一种表面上同意，但实际上却为相对人设定所不能接受的履行条件等情形。二是拖延履行，指行政机关在法定或者合理的时间内不履行行政义务，不对相对人的申请作出明确答复。主要表现为：在合理的时间内对当事人的申请不予理睬；对当事人的申请持模棱两可的态度；无理推脱等。对于法定或者合理期限的判断，适用《行政诉讼法》第 47 条的规定，即法律、法规对于相关履责行为有时间规定的，则适用法律、法规的规定；没有单独规定的，适用 2 个月的规定；如果属于紧急情况下请求履责的，则不受法律、2 个月时间的限制。三是实际上未履行，未履行是一种从结果上来考量履行的状况。主要表现为：行政机关采取了形式上的履行行为但在实质上与不作为无任何差异；法律规定行政机关应当主动履行而行政机关不作为的情形。

《2018 年司法解释》第 91 条细化了《行政诉讼法》中有关履行法定职责判决的规定，提出了在不同情况下分别判决"被告在一定期限内依法履行原告请求的法定职责"或"被告针对原告的请求重新作出处理"两种判决方式。两种判决方式的区分在于能否直接判令被告作出特定行政行为，其前提的区别在于被诉行政机关是否有裁量余地。如果经过审判，人民法院认为被告不履行法定职责事实清楚、法律规定明确、被告无裁量余地，为了减少当事人诉累，减少程序空转，法院应当尽可能判决到位，即判决被告在一定期限内依法履行原告请求的特定职责。如果行政机关还有裁量空间，也就是说尚需行政机关调查或者裁量的，人民法院应当遵守行政机关的"首次判断权"。基于行政权和司法权的划分，人民法院应当判决行政机关针对原告的请求重新作出处理。

经典案例

苏某诉儋州市人民政府不履行法定职责案[1]

一、基本案情

案件事实：1998 年 4 月，儋州市原规划局审批同意了《三立公司规划总平面图》，对 16.19 亩商住用地重新进行了规划。同年 10 月 19 日，儋州市原规划局以《三立公司规划总平面图》为依据向苏某颁发了规划许可证，其于当年即依据规划许可证建造了房屋。2008 年，苏某根据规划许可证确认的用地范围续建房屋时，陈某琦、陈某善发现苏某于 1998 年建造的房屋已经越界占用了 15 号宅基地的部分土地，双方因此发生土地纠纷，苏某续建房屋的工程停建。苏某遂向儋州市委、市人民政府申诉，要求解决纠纷。儋州市国土局经调查，于 2009 年 7 月向儋州市人民政府（以下简称儋州市政府）提交书面报告，确认苏某 1998 年建造房屋时并未超越规划许可证确认的用地范围，但已经越过其持有的土地证红线图确认的土地权属界线范围，占用了相邻人

---

〔1〕案号：(2011) 海南二中行终字第 18 号。载最高人民法院行政审判庭编：《中国行政审判案例》(第 4 卷)，中国法制出版社 2012 年版，第 181～187 页。

陈某琦、陈某善持有国有土地使用证的土地；儋州市国土局在书面报告中还确认儋州市原规划局对 1 – 15 号地块进行规划时，规划红线图与儋州市政府此前颁发给各地块业主的土地证红线图确认的土地界线有偏差。儋州市国土局向儋州市政府提交书面处理意见，建议在不改变土地使用现状的前提下，对陈某琦、陈某善的土地损失进行经济补偿。

由于苏某与陈某琦、陈某善的纠纷未解决，苏某于 2009 年 11 月 5 日通过特快专递邮件向儋州市政府送达书面文件，请求该市政府更换其持有的土地证并赔偿其经济和精神损失。儋州市政府未答复，苏某即于 2010 年 1 月 11 日向原审法院提起行政诉讼。海南省儋州市人民法院判决：①责令儋州市人民政府在本判决生效之日起 30 日内对苏某要求更换国有土地使用证的申请作出答复。②驳回苏某要求儋州市人民政府赔偿经济损失及精神损失的诉讼请求。苏某对此不服，向海南省中级人民法院提起上诉。

二审原告诉称：苏某在原审中的诉讼请求是判令儋州市政府更换其土地证并赔偿其经济损失和精神损害抚慰金，而原审判决的第①项"责令儋州市人民政府在本判决生效之日起 30 日内对苏某要求更换国有土地使用证的申请作出答复"，该判决与苏某的诉讼请求无关，违反法定程序。苏某的损失表面上看是由陈某琦、陈某善的干扰造成的，其实是由儋州市政府的违法行政行为造成。既然原审判决已经认定儋州市政府的不作为行为违法，就应让其承担全部责任。请求二审法院撤销一审判决，改判支持苏某的原审诉讼请求。

被告辩称：苏某所在小区的业主均需要更换土地证。由于苏某与陈某琦、陈某善之间的土地使用权争议至今未能解决，而本案涉及的所有业主均需要更换土地证。在土地使用权权属争议未解决之前，给苏某更换土地证将造成新的纠纷。苏某的损失不是儋州市政府造成的，其要求国家赔偿的诉讼请求亦无事实依据。请求二审法院驳回苏某的上诉请求。

二审诉讼请求：请求人民法院判决被告履行处理相关事项的法定职责，并对二审原告的经济损失和精神损失予以赔偿。

法院裁判：①撤销儋州市人民法院（2010）第 2 号行政判决第①项，即"责令儋州市政府在本判决生效之日起 30 日内对苏某要求更换国有土地使用证的申请作出答复"。②责令儋州市政府在本判决生效之日起 3 个月内对苏某的诉请事项作出行政处理。③维持儋州市人民法院（2010）儋行重字第 2 号行政判决第②项，即"驳回苏某要求儋州市政府赔偿经济损失及精神损失的诉讼请求"。

二、法律问题

儋州市政府是否应当履行法定职责以及人民法院应当如何判决责令履行？

三、法理分析

本案的核心争议在于儋州市政府是否应当履行法定职责。根据案情可知，导致本案纠纷的根本原因是儋州市原规划局出于公共利益的需要对各业主已经颁发国有土地使用证的用地范围或面积进行调整时，事前并未按照正当程序履行通知义务。该规划行为在程序上虽有违法之处，却是出于公共利益的目的。依据该规划行为形成的土地使用现状难以被改变。对此既成事实，儋州市政府应在尊重历史的基础上，积极采取后续补救措施，以解决房地产权不一致的历史遗留问题。在苏某与陈某琦、陈某善发生土地纠纷并向相关部门提出申诉后，儋州市国土局已经对本案事实进行了调查并提出了可行性建议，儋州市政府在纠纷事实清楚的基础上应当及时进行相应的处理。但从2009年至今长达两年多的时间里，儋州市政府怠于履行法定职责，一直未能解决本案涉及的一揽子纠纷。

原审判决在认定以上事实的基础上，认为儋州市政府存在着应当履行的法定职责，因此根据《行政诉讼法》中规定的履行法定职责判决，责令儋州市政府"在本判决生效之日起30日内对苏某要求更换国有土地使用证的申请作出答复"。这一判决从表面上看似回应并支持了二审原告的诉讼请求——作出答复。但在现实中，作出答复可能意味着行政机关仅仅答复称"正在研究""正在处理"，原告对于这样的答复可能会再次提起诉讼。这样的判决表述方式显然存在严重的缺陷，既不利于原告权利的保障，也不利于行政争议的实质性化解。因此，二审法院秉持实质性化解行政争议以及防止当事人诉累的立场，责令被告对原告的请求作出处理而非简单地予以答复。

四、参考意见

在相关证据表明行政机关有权且可以对争议事项作出处理的情况下，判决行政机关履行法定职责应当尽可能具体明确，要求行政机关作出处理。在相关证据表明行政机关对争议事项已经不存在判断余地或者裁量空间，即"案件事证明确"且"无需被告裁量"，则法院可以在判决中引导行政机关作出特定行为或者直接判决行政机关作出特定行为。

拓展案例

张某君诉北京市人民政府复议法定职责案[1]

一、基本案情

2014 年 12 月 13 日，张某君向北京市住房和城乡建设委员会（以下简称北京市住建委）提出《查处申请书》，主要内容为：张某君为北京市东城区琉璃井南里 38 号居民。2012 年底开始北京地铁 14 号线 09 标段违法施工，造成张某君居住的房屋严重损坏，因维护居住和生命安全与建设单位北京轨道交通建设管理公司、中铁二十局项目部产生矛盾。于 2013 年 7 月 7 日晚 22 时多在家门口被两个年轻人殴打伤害致残。现申请对东城区人民政府、北京轨道交通建设管理公司行为依法查处。张某君于次日收到《答复意见书》。张某君认为北京市住建委所作《答复意见书》未履行法定职责，遂于 2015 年 3 月 11 日向北京市人民政府（以下简称北京市政府）邮寄了《行政复议申请书》，请求确认被申请人北京市住建委不履行查处违法建设行为法定职责违法、责令被申请人立即履行法定职责。该邮件的查询凭证显示，邮件于 2015 年 3 月 12 日已经妥投。此后张某君以"北京市政府至今未给予答复，其行为违反了《行政复议法》第 31 条之规定，不履责的行政行为严重侵害其合法权益"为由提起行政诉讼，请求法院判决确认北京市政府不履行行政复议职责的行为违法。

北京市第二中级人民法院作出（2015）二中行初字第 1190 号行政判决：北京市政府于判决生效之日起 60 日内针对张某君提起的行政复议申请作出处理。张某君不服，向北京市高级人民法院提起上诉。北京市高级人民法院认为：现有证据显示《行政复议申请书》已经妥投，而北京市政府在法定期限

---

[1] 案号：（2016）最高法行申 2496 号。

内未对张某君的行政复议申请作出处理。在履行行政复议职责仍有意义的情况下，一审法院判决北京市政府在指定期限内对张某君的行政复议申请作出处理，并无不当。判决驳回上诉。

二、法律问题

履行法定职责判决与确认违法判决之间是什么样的关系，二者可以同时适用吗？

三、重点提示

虽然再审申请人的诉讼请求仅为"确认再审被申请人不履行行政复议职责的行为违法"，原审法院在查明并不存在"判决履行没有意义"的基础上，直接判决再审被申请人针对再审申请人提起的行政复议申请作出处理，不仅不属超出再审申请人的诉讼请求，反而对其合法权益保护更为有利。因为，责令履行法定职责判决本身就包含着对于被诉行政机关不履行法定职责行为违法性的确认。

🔖 **阅读资料**

二维码 5 - 4

专题五　基于利益衡量的确认违法判决的适用

🔖 **知识概要**

《行政诉讼法》第 74 条规定："行政行为有下列情形之一的，人民法院判决确认违法，但不撤销行政行为：①行政行为依法应当撤销，但撤销会给国家利益、社会公共利益造成重大损害的；②行政行为程序轻微违法，但对原告权利不产生实际影响的。行政行为有下列情形之一，不需要撤销或者判决履行的，人民法院判决确认违法：①行政行为违法，但不具有可撤销内容的；②被告改变原违法行政行为，原告仍要求确认原行政行为违法的；③被告不履行或者拖延履行法定职责，判决履行没有意义的。"确认违法判决是撤销判决、履行判决的一种替代方式。行政行为违法，但属于"不能撤销""撤销不能"或者不适宜责令履行的，可以判决确认违法。这一判决对行政行为的合法性作了否定评价，但并未对该行政行为的效力进行评价，也未改变该行政行为所形成的法律关系。但因该违法行政行为受到损害的当事人，可以根据确认违法判决主张国家赔偿。对于确认违法判决各条款的适用情形，下面分述之。

利益衡量判决。利益衡量判决这一判决形式是法益衡量的产物。即法院对行政行为的合法性审查之后，认为行政行为违法，符合作出撤销判决的条件时，参酌国家利益以及公共利益遭受损失的可能性，而作出的确认违法判决。该判决的适用条件包括两个方面：一是行政行为违法，即满足撤销判决的条件；二是如果撤销该被诉行政行为将会给国家利益或者公共利益造成重大损失。特别是在一些重大的工程建设中，如果撤销批准文件，公共工程将面临着巨大损失，国家利益或者社会公共利益将会受损。但这一条款的适用不能被扩展至他人重大利益，在现实中更要防止被告或者第三人以社会公共利益或者国家利益为由，借以保护个人利益而逃避撤销判决的情形。

因程序轻微违法的衡平判决。行政行为如若违反法定程序，应当予以撤销。但现实中行政程序环节众多，有的程序是为了保障当事人合法权益的，有的程序是为了提高行政效率的，有的程序是为了规范行政管理流程的，其设立目的并不相同。对于涉及保障当事人合法权益的程序，法律一般规定了严格的条件、形式和流程，违反了这些程序，将直接影响原告的合法权益，法院应该判决撤销。但是，也有一些行政程序本身不会对当事人的合法权益产生影响，行政机关如果违反了这类程序，法院经审查认为该程序瑕疵并不影响当事人实体权益的，可以确认违法但保持行政行为的效力。

不具有可撤销内容的确认判决。学界和实务界通说认为，不具有可撤销内容一般是指事实行为，如殴打等暴力行为或强制拆除等执行行为。由于这类行为本身不属于具有效力的行政法律行为，在法院经过审查认为该类行为违法的情况下，法院也无法撤销这类行为。主要是由于原告起诉时，不应该选择撤销诉讼，应该直接请求法院判决确认违法并给予赔偿。

继续确认判决。在行政诉讼中，有的被诉行政行为可能已经改变，法院在事实上已经失去了撤销的标的。原告可能因此蒙受损失并未因被诉行政行为的改变而获得救济，因此法院必须继续对被诉行政行为即改变前的行为的合法性作出判断。

继续履行没有意义的确认判决。这种情形主要适用于原告请求法院判决行政机关履行法定职责，但人民法院经过审查认为，行政机关已经履行或者时过境迁根本没有履行的必要和可能，为了保证原告能够得到赔偿，人民法院应该判决确认不履行或者拖延履行法定职责的行为违法。

经典案例

寿光中石油昆仑燃气有限公司诉寿光市人民政府等
解除政府特许经营协议案[1]

一、基本案情

案件事实：2011 年 7 月 15 日，被告寿光市人民政府（以下简称寿光市政府）授权的寿光市住房和城乡建设局（甲方）与原告寿光中石油昆仑燃气有限公司（以下简称昆仑燃气公司）（乙方）协商共同开发寿光市天然气综合利用项目，双方签订《山东省寿光市天然气综合利用项目合作协议》，达成如下合作协议："①甲方、乙方同意就寿光市天然气利用项目进行合作。②甲方同意乙方在寿光市从事城市天然气特许经营。特许经营范围包括渤海化工园区（羊口镇）、侯镇化工园区、东城工业园，特许经营期限为 30 年。③甲方充分考虑天然气项目具有公共事业的特点，在国家政策法规允许的范围内，对该项目在前期可行性研究阶段、建设和经营提供最大程度的支持。④乙方应保证在中石油管网为寿光市争取足够的天然气指标，甲方应全力配合。如果乙方不能保证寿光市实际用气需求，则甲方有权依照山东省燃气管理条例等相关法律法规进行处理……⑥本协议正式签署后，乙方对寿光市燃气项目

---

[1]　案号：(2017) 鲁行终 191 号。载《最高人民法院公报》2018 年第 9 期。

积极开展工作，甲方利用自身优势给予积极配合。签订协议8个月内，如因乙方原因工程不能开工建设，则本协议废止。"2014年4月30日，潍坊市城市管理行政执法局向山东省住房和城乡建设厅报送"关于昆仑燃气公司办理燃气工程项目批复的请示"，但未获批复。

2015年6月25日，原告昆仑燃气公司参加了寿光市燃气工作会议，会议明确要求："今年9月底前未完成燃气配套设施建设的，一律收回区域经营权。"随后，原告昆仑燃气公司向被告寿光市政府出具项目保证书，对燃气项目作出承诺：在办理完成项目开工手续后3个月内完成以上工作，如不能按照完成，将自动退出政府所授予经营区域。2016年4月6日，被告寿光市政府作出《关于印发寿光市"镇村通"天然气工作推进方案的通知》（寿政办发〔2016〕47号），决定按照相关框架合作协议中有关违约责任，收回原告昆仑燃气公司的羊口镇、双王城生态经济园区和侯镇的经营区域授权，授权给寿光市城市基础设施建设投资管理中心代表寿光市政府经营管理。

原告诉称：当原告正在积极进行项目建设时，寿光市政府于2016年4月6日作出《关于印发寿光市"镇村通"天然气工作推进方案的通知》（寿政办发〔2016〕47号），作出了"按照相关框架合作协议中有关违约责任，收回羊口镇、双王城生态经济园区和侯镇的经营区域授权，授权给寿光市城市基础建设投资管理中心经营管理"的决定。寿光市政府作出寿政办发〔2016〕47号文件收回原告全部燃气经营权区域授权的决定认定事实错误，原告不存在违约行为，且寿光市政府收回原告燃气经营权未履行听证程序，程序违法，系违法的行政行为。为维护自身合法权益，特提起诉讼。

被告辩称：2011年7月15日原告取得寿光市政府辖区内的羊口镇、侯镇和双王城生态经济园区管道天然气经营区域授权后，怠于项目的审批和投资建设，蓄意圈占地盘，迟迟不开工建设，严重阻碍了寿光全市天然气工作的顺利推进，给寿光市政府造成了难以弥补的经济损失和负面社会影响，原告违约在先。针对寿光市政府的催促和要求，原告向寿光市政府写出了书面保证承诺在3个月内完成投资建设，但是，原告违背承诺直至2016年4月6日寿光市政府作出寿政办发〔2016〕47号文件仍一事无成。2011年7月15日原告取得管道天然气经营区域授权后，寿光市政府下属的相关部门为了帮助原告尽快取得相关审批手续，多次派人与原告一起到省、市有关部门办理审批事宜，但是，由于原告投资不到位，燃气管道不符合规划要求，气源指标不落实等诸多因素的制约，导致原告的申请事项达不到审批条件，其过错完全在原告一方。

诉讼请求：①依法确认被告于 2016 年 4 月 6 日作出《关于印发寿光市"镇村通"天然气工作推进方案的通知》收回原告全部燃气经营区域授权决定的行为违法；②依法撤销被告于 2016 年 4 月 6 日作出《关于印发寿光市"镇村通"天然气工作推进方案的通知》收回原告全部燃气经营区域授权的决定。

法院裁判：确认寿光市人民政府作出寿政办发〔2016〕47 号《关于印发寿光市"镇村通"天然气工作推进方案的通知》收回昆仑燃气公司燃气特许经营权的行政行为程序违法，但不撤销该行政行为。

二、法律问题

在收回特许经营权行为程序违法的情况下，法院应该如何进行裁判？

三、法理分析

本案系行政主体解除特许经营协议并收回特许经营权引发的纠纷，被诉行政行为是寿光市政府作出的收回昆仑燃气公司燃气特许经营区域授权的决定。对于这一解除行政协议、收回燃气经营区域授权的行为的合法性，应该从实体和程序两个方面进行审查。

第一个方面是昆仑燃气公司是否应当承担违约责任。违约责任的成立意味着实体上政府收回特许经营权的基础成立。涉案合作协议系寿光市政府在法定职责范围内为实现公共利益的需要，对天然气综合利用项目实施特许经营而与昆仑燃气公司进行的约定，具有行政法上的权利义务内容，属行政协议。案件事实表明，寿光市政府先后两次催促昆仑燃气公司，要求其履行协议义务，并表示如不履约将收回燃气经营区域授权，故应认定寿光市政府已经给予昆仑燃气公司足够的准备时间。依据《民法典》第 563 条第 4 项的规定，当事人一方迟延履行债务致使不能实现合同目的，另一方可以解除合同。寿光市政府据此作出 47 号通知，决定按照合作协议中有关违约责任收回原告在羊口镇、侯镇的燃气经营区域授权，实质是解除昆仑燃气公司在上述区域的燃气特许经营协议，并无不当。

第二个方面是政府收回燃气经营区域授权未进行听证程序是否合法的问题。《市政公用事业特许经营管理办法》第25条规定，对获得特许经营权的企业取消特许经营权并实施临时接管的，必须按照有关法律、法规的规定进行，并召开听证会。昆仑燃气公司认为寿光市政府收回其燃气经营区域授权未进行听证，违反上述规定。法院认为，寿光市政府对供气行业依法实施特许经营，决定收回昆仑燃气公司燃气经营区域授权，应当告知其享有听证的权利，听取原告的陈述和申辩。原告要求举行听证的，寿光市政府应当组织听证。而寿光市政府未提供证据证明其已履行了相应义务，其取消特许经营权的行为不符合上述法律规定，属于程序违法。

综上，寿光市政府作出47号通知收回昆仑燃气公司燃气经营区域授权的行为事实清楚、证据充分，但违反法定程序，应当对该行政行为予以违法性评价。如果根据《行政诉讼法》中有关撤销判决的规定，应当予以撤销行政行为的判决。但《行政诉讼法》第74条的规定，行政行为依法应当撤销，但撤销会给国家利益、社会公共利益造成重大损害的，人民法院判决确认违法，但不撤销。行政行为的合法性和效力性并非完全对应，行政行为的合法性是从行政行为的构成要件角度对行政行为是否符合法律规定所作的评价；行政行为的效力是指法律给予已经成立的行政行为的一种法律保护。行政行为的合法性与效力性，是从不同的角度对行政行为作出的评价，二者统一于行政纠纷的解决之中。因此在处理政府特许经营协议纠纷时，应当综合考虑行政行为的合法性与效力性问题。

上述规定即要求法院判决时对撤销行政行为所保护的利益与国家利益、社会公共利益进行衡量，如果撤销该行政行为会对国家利益、社会公共利益造成重大损害的，人民法院应当判决确认违法，并要求行政机关采取补救措施，体现了人民法院在裁判过程中既要优先保护社会公共利益，又要依法保护行政相对人合法权益的司法价值取向。本案中，经营区域内燃气项目特许经营权已经实际授予他人，行政行为一旦撤销不仅会影响他人已获得的合法权益，而且会影响居民用气，损害区域内公共利益。因此，根据《行政诉讼法》第74条的规定判决确认违法，但不撤销该行政行为。

四、参考意见

公用事业特许经营涉及社会公共利益，当程序正当与公共利益发生冲突时，法官应运用利益衡量方法综合考量得出最优先保护的价值。在取消特许经营权行为实体正确、程序违法的情况下，判决确认违法但不撤销该行政行为，并要求行政机关采取补救措施，体现了人民法院在裁判过程中既要优先保护社会公共利益，又要依法保护行政相对人合法权益的司法价值取向。

◈ 拓展案例

张某文、陶某等诉四川省简阳市人民政府
侵犯客运人力三轮车经营权案[1]

一、基本案情

1994 年 12 月 12 日，四川省简阳市人民政府（以下简称简阳市政府）以通告的形式，对本市区范围内客运人力三轮车实行限额管理。1996 年 8 月，简阳市政府对人力客运老年车改型为人力客运三轮车（240 辆）的经营者每人收取了有偿使用费 3500 元。1996 年 11 月，简阳市政府对原有的 161 辆客运人力三轮车经营者每人收取了有偿使用费 2000 元。从 1996 年 11 月开始，简阳市政府开始实行经营权的有偿使用，有关部门也对限额的 401 辆客运人力三轮车收取了相关的规费。1999 年 7 月 15 日、7 月 28 日，简阳市政府针对有偿使用期限已届满两年的客运人力三轮车，发布《关于整顿城区小型车辆营运秩序的公告》（以下简称《公告》）和《关于整顿城区小型车辆营运秩序的补充公告》（以下简称《补充公告》）。其中，《公告》要求"原已具有合法证照的客运人力三轮车经营者必须在 1999 年 7 月 19 日至 7 月 20 日到市交警大队办公室重新登记"，《补充公告》要求"经审查，取得经营权的登记者，每辆车按 8000 元的标准（符合《公告》第 6 条规定的每辆车按 7200 元的标

---

[1]　案号：（2016）最高法行再 81 号。选自"最高人民法院关于发布第 17 批指导性案例的通知"。

准）交纳经营权有偿使用费"。张某文、陶某等182名客运人力三轮车经营者认为简阳市政府作出的《公告》第6条和《补充公告》第2条的规定形成重复收费，侵犯其合法经营权，向四川省简阳市人民法院提起行政诉讼，要求判决撤销简阳市政府作出的上述《公告》和《补充公告》。

1999年11月9日，四川省简阳市人民法院依照《行政诉讼法》（1989）第54条第1项之规定，以（1999）简阳行初字第36号判决维持简阳市政府1999年7月15日、1999年7月28日作出的行政行为。张某文、陶某等不服提起上诉。2000年3月2日，四川省资阳地区中级人民法院以（2000）资行终字第6号行政判决驳回上诉，维持原判。2001年6月13日，四川省高级人民法院以（2001）川行监字第1号行政裁定指令四川省资阳市（原资阳地区）中级人民法院进行再审。2001年11月3日，四川省资阳市中级人民法院以（2001）资行再终字第1号判决撤销原一审、二审判决，驳回原审原告的诉讼请求。张某文、陶某等不服，向四川省高级人民法院提出申诉。2002年7月11日，四川省高级人民法院作出（2002）川行监字第4号驳回再审申请通知书。张某文、陶某等不服，向最高人民法院申请再审。2016年3月23日，最高人民法院裁定提审本案。2017年5月3日，最高人民法院作出（2016）最高法行再81号行政判决：①撤销四川省资阳市中级人民法院（2001）资行再终字第1号判决；②确认简阳市政府作出的《公告》和《补充公告》违法。

二、法律问题

在行政行为程序违法的情况下，行政管理秩序能否作为选择判决类型时进行利益衡量的考虑？

三、重点提示

行政机关在作出行政许可时没有告知期限，事后以期限届满为由终止行政相对人行政许可权益的，属于行政程序违法，人民法院应当依法判决撤销被诉行政行为。但如果判决撤销被诉行政行为，将会给社会公共利益和行政管理秩序带来明显不利影响的，人民法院应当判决确认被诉行政行为违法。

二维码 5 - 5

专题六　确认无效判决的适用

知识概要

《2000 年司法解释》第 57 条首次规定了确认无效判决，在我国行政诉讼领域建立了确认无效判决的雏形。之后的十几年里，学界对此进行了大量讨论，司法界也不断进行实践探索。《行政诉讼法》（2014）确立了确认无效判决，对于监督行政机关依法行政，拓宽相对人权利救济渠道起了重大作用。《2018 年司法解释》，对于确认无效判决条款的适用进一步细化，该解释第 99 条规定：有下列情形之一的，属于《行政诉讼法》第 75 条规定的"重大且明显违法"：①行政行为实施主体不具有行政主体资格；②减损权利或者增加义务的行政行为没有法律规范依据；③行政行为的内容客观上不可能实施；④其他重大且明显违法的情形。

从法律行为理论层面讲，无效的法律行为是指法律行为因欠缺法律规定的要件而自始、当然、确定不发生预期效力的行为。在意思自治的领域，无效法律行为无需确认或宣告即为无效。但在公法领域，由于行政行为公定力的存在以及救济相对人的需要，法院的"确认"成为必要。据此，我们可以看出，确认无效判决不同于行政确认行为中的确认，也不同于民事判决类型中的确认判决，其对象不是法律关系，而是被诉的行政行为。[1]

对于行政行为效力的判定，可以分为合法性和有效性。从行政行为合法

---

〔1〕　章剑生：《现代行政法总论》，法律出版社 2014 年版，第 521 页。

性的角度讲，确认无效判决、确认违法判决与撤销判决都在合法性的层面上否定了这一行政行为[1]。但它们相互之间依然存在着区别。所谓行政行为的合法性，即从其构成要件的角度对该行为是否符合法律规定所作的评价。该评价并不涉及有效性。在实践中，行政行为的合法性与效力之间可能无法形成任何一种对应状态。[2]因此在合法性的评价体系之外建立确认无效判决作为有效性评价体系尤为必要。从行政法律关系的角度讲，确认违法判决与确认无效判决相同，都是对"既有法律事实的澄清，不赋予权利，不给予身份，也不课予义务"[3]，而撤销判决则通过消灭原有的行政行为使得新的行政法律关系得以形成。从适用情形的角度讲，行政行为的违法程度可以分为轻微瑕疵（违法）、一般瑕疵（违法）、重大且明显违法等。撤销判决与确认违法判决更多的适用于行政行为一般违法的情形之中，而确认无效判决则针对重大且明显违法的情形，法院对于这种情形的认定，在一定程度上可以说是对作出行政行为的相关主体主观恶性的认定。

《行政诉讼法》规定了无效行政行为的审查标准是"重大且明显违法"，这是一种从形式标准到实质标准的判断方式，即首先看行政行为是不是违法的，再看这种违法是不是重大且明显的。构成重大且明显违法要从两个方面考量："重大"是指行政行为违反了法律的相关规定及基本原则，可能给公共利益和利害关系人造成重大损失；"明显"是指行政行为的瑕疵一般人很容易分辨。但在适用过程中，正如行政行为无效是一种"一般人以其正常理智即可判断此种行为要求无需遵守"一样，法官对此种行为确认无效也是一种法官的主观评价。在这种主观评价上，以各种域外的理论来解释一个主观性的、实质性的标准的含义是行不通的，我们必须"植根于法治的本土资源，对司法实践中关于行政行为无效的判定标准加以提炼和反思，亦即致力于重大且明显的客观化"[4]。

通过对司法实践的梳理可以发现，确认无效判决主要适用于被诉行政行为不具有行政主体资格、没有法律依据、行政行为的内容客观上不可能实施，

---

〔1〕 黄涧秋："行政诉讼确认无效判决的法律适用评析——围绕新《行政诉讼法》第七十五条展开"，载《法治研究》2015 年第 5 期。

〔2〕 江必新："行政行为效力判断之基准与规则"，载《中国法学》2009 年第 5 期。

〔3〕 潘昌锋、孔令媛："行政诉讼确认无效判决的适用——基于修正后的行政诉讼法第七十五条展开"，载《人民司法》2015 年第 7 期。

〔4〕 梁君瑜："论行政诉讼中的确认无效判决"，载《清华法学》2016 年第 4 期。

行政行为程序严重违法、行政行为违反公序良俗等情形。面对形式的、客观的各类无效行政行为的表现，法院在适用确认无效判决时都必须确认其行为达到了重大且明显违法的程度，这也是确认无效判决与撤销判决等判决区分的关键，也是它作为一种"事实上的备位性的制度"[1]的体现。这种适用方式是一种先形式审查、后实质审查，先客观符合、再主观评价的过程。如果一个行政行为进入到了确认无效的审查过程中，那么被诉行政行为的瑕疵应当是一种可客观化、可形式化的瑕疵。虽然无效行政行为可通过一般人以其正常理性进行判断，但这种一般人的判断是无法支撑严肃的司法判决的。因此这种判断应当建立在不具有行政主体资格、没有依据、程序严重违法、欠缺事实基础等各类可扩充的客观情形上，而后再进入到重大且明显违法的实质判断之中。

经典案例

俞某诉无锡市城市管理行政执法局城市管理行政处罚案[2]

一、基本案情

案件事实：位于苏锡路 365 号的建筑物系原告俞某于 2000 年建造。2009 年 4 月，无锡市城市管理行政执法局（以下简称市城管局）在对原告的上述建筑物巡查后，证实原告建筑物现状与无锡市房屋权属证明登记事实不一致，且无建设工程规划许可证，依据《城乡规划法》第 40 条第 1 款、第 64 条规定，于 2009 年 6 月 25 日以张贴的方式将《行政处罚事先告知书》送达给原告，并载明了相关权利，有邹某了（太湖街道工作人员）证明，但原告不在现场。市城管局于 2009 年 7 月 3 日又以张贴的方式将《行政处罚决定书》送达给原告，并载明了相关权利，要求原告在 15 日内自行拆除，也有邹某了证明，但原告不在现场。《行政处罚决定书》载明：2000 年原告在未办理建设工程规划许可证的情况下，在苏锡路 365 号建造二幢三层建筑物，总面积为

---

〔1〕　梁君瑜："论行政诉讼中的确认无效判决"，载《清华法学》2016 年第 4 期。

〔2〕　案号：（2010）锡行终字第 43 号。载中华人民共和国最高人民法院行政审判庭编：《中国行政审判案例》（第 3 卷），中国法制出版社 2013 年版，第 164～170 页。

275.58 平方米。原告的上述行为违反了《城乡规划法》第 64 条的规定，责令原告自收到《行政处罚决定书》之日起 15 日内自行拆除该违法建设，逾期不拆除的，有关部门将组织强制拆除，所需费用由原告承担。

原告诉称：①所建房屋并非违法建筑，房屋建造于 1996 年～1997 年，不适用 2008 年实施的《城乡规划法》，其建房、购房是经原村委同意的，是合法建筑。②行政程序违法。根据《行政处罚法》第 42 条的规定，被告在作出行政处罚决定前未告知原告有听证的权利；作出的《行政处罚事先告知书》张贴在他人门上，原告未收到不能视为送达，且在场证明人系负责太湖街道拆迁的工作人员，不具证明力。③行政处罚决定违法。《行政处罚决定书》中被告确定原告建筑的面积、时间均与实际不符，送达方式不符法律规定。综上，被告违法执法，是滥用行政权力的行为，要求确认《行政处罚决定书》违法并予以撤销。

被告辩称：①原告所建房屋系违法建筑，有充分证据证明。②行政处罚所适用的法律、法规正确，《城乡规划法》第 64 条规定，未取得建设工程规划许可证进行建设的，且无法采取改正措施消除影响的，限期拆除。③《行政处罚决定书》作出的程序完全合法。市城管局执法人员根据巡查发现原告在苏锡路 365 号自行建造的建筑违法，即当场向原告制作现场笔录，并于 2009 年 6 月 25 日、7 月 3 日先后向原告送达了《行政处罚事先告知书》《行政处罚决定书》，并告知了相关权利，有相关人员证明，《行政处罚法》第 42 条中未明确拆除违章建筑需要听证，据此说明所作出的行政处罚决定程序完全合法。请求法院依法维持具体行政行为。

诉讼请求：请求人民法院判决确认《行政处罚决定书》违法并予以撤销。

法院裁判：法院根据《行政处罚法》第 40 条、第 41 条，《行政诉讼法》（1989）第 54 条第 2 项第 3 目，《2000 年司法解释》第 57 条第 2 款第 3 项的规定，判决确认被告作出的行政处罚决定无效。

二、法律问题

以张贴方式送达的行政法律文书应该如何认定？

三、法理分析

本案被诉行政行为是被告无锡市城管局作出的针对原告所建房屋的行政

处罚行为。该行为依据《城乡规划法》第 40 条第 1 款、第 64 条规定，于 2009 年 6 月 25 日由被告市城管局以张贴的方式将《行政处罚事先告知书》送达给原告，并载明了相关权利，有邹某了（太湖街道工作人员）证明，但原告不在现场；市城管局于 2009 年 7 月 3 日又以张贴的方式将《行政处罚决定书》送达给原告，并载明了相关权利，要求原告在 15 日内自行拆除，也有邹某了证明，但原告不在现场。本案的争议焦点是行政处罚的合法性问题。

对行政处罚决定合法性的判断应当从主体、依据、程序、权限等方面进行判断。但在该案中，《行政处罚事先告知书》和《行政处罚决定书》以张贴的方式送达，因此对于该行政行为合法性的判断集中于该行政处罚决定是否成立。根据《行政处罚法》第 40 条的规定，行政处罚决定书应当在宣告后当场交付当事人；当事人不在场的，行政机关应当在 7 日内依照《民事诉讼法》的有关规定，将行政处罚决定书送达当事人。《行政处罚法》第 41 条规定：行政机关及其执法人员在作出行政处罚决定之前，不依照本法第 31 条、第 32 条的规定向当事人告知给予行政处罚的事实、理由和依据，或者拒绝听取当事人的陈述、申辩，行政处罚决定不能成立；当事人放弃陈述或者申辩权利的除外。本案中，市城管局通过查询证实原告在苏锡路 365 号建筑物的建筑面积与产权部门登记的面积不一致，即以张贴的方式将《行政处罚事先告知书》《行政处罚决定书》送达给原告，虽有在场人证明已张贴送达，但原告表示未收到，上述送达方式不合法，不能视为送达，故上述送达方式不能证明被告已向原告告知给予行政处罚的事实、理由和依据及告知原告有权要求陈述和申辩，《行政处罚事先告知书》不能视为送达，《行政处罚决定书》送达方式不符合留置送达和公告送达的规定，也不能视为送达。根据《行政处罚法》的有关规定，被告所作的行政处罚决定不能成立。在这种情况下，行政相对人陈述、申辩的权利可能被剥夺，而且行政处罚决定也未生效。这种情况下，行政处罚决定应以存在重大明显违法为由被确认无效。

四、参考意见

行政机关在送达行政处罚事先告知书、行政处罚决定书时应依照法定方式送达，否则不仅行政相对人陈述、申辩的权利可能被剥夺，而且行政处罚决定也未生效。当此情况下，行政处罚应以存在重大明显违法情形为由被确认无效。

但对于本案的判决说理，存在着一些争论。根据《行政处罚法》第41条的规定，行政机关及其执法人员在作出行政处罚决定之前，不依照《行政处罚法》第31条、第32条的规定向当事人告知给予行政处罚的事实、理由和依据，或者拒绝听取当事人的陈述、申辩，行政处罚决定不能成立；当事人放弃陈述或者申辩权利的除外。因此本案中被诉的行政决定未成立。但未成立是否必然导致行政行为无效，法院并未着墨太多，而将重点放在了未听取陈述申辩，因此导致行为无效这一论证的说理上。

拓展案例

张某因诉内蒙古自治区赤峰市人民政府征收决定再审申请[1]

一、基本案情

2011年7月8日，北城棚户区改造项目被纳入调整后的松山区2011年国民经济和社会发展规划。2010年2月4日，赤峰市规划局作出《关于赤峰市松山区北城棚户区改造南区市政工程建设项目选址的审查意见》（赤规发（2010）14号），同意赤峰中冶基础设施投资有限公司的项目选址方案。2011年5月11日，松山区政府将《赤峰市松山区北城棚户区改造房屋征收与补偿方案》（征求意见稿）向社会公告并征求意见。2011年12月12日，松山区政府经区政府常务会议讨论通过后作出《赤峰市松山区人民政府关于北城棚户区改造房屋征收的决定》（赤松政发（2011）116号）及《赤峰市松山区人民政府关于印发北城棚户区改造房屋征收与补偿方案的通知》（赤松政发（2011）118号），并于2011年12月14日分别在被征收范围内及政府公开网站上予以公告，确定征收范围为1650户。2013年12月16日，松山区政府作出《赤峰市松山区人民政府关于北城棚户区改造一期三批房屋征收的决定》（赤松政发（2013）105号），同日，松山区政府工作人员将《赤峰市松山区人民政府关于北城棚户区改造一期三批房屋征收决定的公告》及《赤峰市松山区人民政府关于北城棚户区改造一期三批房屋征收的决定》（赤松政发

---

〔1〕 案号：（2018）最高法行申2496号。

（2013）105 号）在公证人员的见证下张贴于坐落在被征收范围内的赤峰市松山区穆家营子镇人民政府门前。张某以松山区政府作出的房屋征收决定侵害了其合法权益为由，向法院起诉，请求依法确认松山区政府作出的赤松政发（2013）105 号征收决定无效。

法院经过审理后认为：根据程序从新、实体从旧的法律适用规则，当事人针对《行政诉讼法》（2014）之前作出的行政行为所提起的行政诉讼，实体问题应当遵循《行政诉讼法》（2014）之前的相关规定。当事人提出的诉讼请求是否应当予以受理，属于行政诉讼的实体问题。请求确认行政行为无效属于《行政诉讼法》（2014）作出的新规定，在《行政诉讼法》（2014）颁布实施之前，不存在相应的法律规定。因此，公民、法人或者其他组织对 2015 年 5 月 1 日之前作出的行政行为提起诉讼，请求确认行政行为无效的，人民法院不予立案。因此，最高人民法院判决驳回再审申请人张某的再审申请。

二、法律问题

无效行政行为是否受起诉期限的限制？

三、重点提示

无效行政行为自始无效、绝对无效，不因时间的推移而具有合法效力，当事人可以随时对无效行政行为提起行政诉讼。因此，当事人针对《行政诉讼法》（2014）在 2015 年实施之后作出的行政行为提起确认无效请求的，不受起诉期限的限制。

📚 阅读资料

二维码 5－6

专题七　行政协议的认定及其裁判方式

知识概要

《行政诉讼法》第 78 条第 1 款规定："被告不依法履行、未按照约定履行或者违法变更、解除本法第 12 条第 1 款第 11 项规定的协议的，人民法院判决被告承担继续履行、采取补救措施或者赔偿损失等责任。"行政协议是指行政机关为实现公共利益或者行政管理目标，依据法定权限，与其他民事权利义务主体协商订立的具有行政法上权利义务内容的协议，在司法实践中，主要包括国有土地使用权出让合同、土地征收合同、土地承包合同、特许经营合同等。行政机关设立、变更和终止其他民事权利义务主体的权利义务，不仅可以通过行政机关的单方命令，还可以通过双方的协商一致来进行。

行政诉讼中确定一个合同是否属于行政合同，一般从主体要素、目的要素、职责要素、内容要素、意思要素这五个方面进行认定。[1]因此，与民事合同相比，除协商一致与民事合同相同外，可以从两方面区分行政协议和民事合同的标准：一方面，形式标准。形式标准也就是主体标准，即它发生在具有行政职权、履行行政职责的机关和组织及其工作人员与行政职权所作用的公民、法人或者其他组织之间。另一方面，实质标准。实质标准也就是标的及内容标准，行政协议的标的及内容是行政法上的权利义务，意在提供一种指引，强调行政协议不同于民事合同，这一标准排除了行政机关基于自身民事权利义务而签订的协议。行政法上的权利义务可以从以下两个方面进行判断，一是行政职权的实施；二是以实现行政管理目标为目的。由于行政协议是公共利益的体现，因此协议中一般规定了行政机关的优益权，即在为了保障公共利益的情况下，行政机关所享有的变更解除权等。例如，行政机关为了维持日常运转而前往商店购买办公用品而签订协议，这种协议是为了保障行政机关的日常工作，因此属于基于行政机关自身的权利义务而签订的协议。如果行政机关为了更好地发挥公共管理职能，通过政府购买公共服务的

---

[1]　陈天昊："行政协议的识别与边界"，载《中国法学》2019 年第 1 期；程琥："审理行政协议案件若干疑难问题研究"，载《法律适用》2016 年第 12 期。

方式间接向社会提供公共产品，如政府购岗等，这种过程虽然也体现为政府购买，但不能认定为民事合同，而属于行政协议的范畴。

在认定该协议属于行政协议后，对其所引发的纠纷，法院根据《行政诉讼法》第78条的规定，可以采取判决撤销行政合同中的单方行政行为、判决继续履行、判决采取补救措施、判决赔偿损失以及补偿判决等。

▣ 经典案例

永佳公司诉大英县人民政府、回马镇人民政府
不履行行政协议纠纷案[1]

一、基本案情

案件事实：2013年4月9日，永佳公司委托四川金信会计师事务所有限责任公司对其生产厂房的房屋及建筑物、土地使用权、机器设备及其他实物资产进行了评估，评估价值为人民币30 032 609.20元。在评估结果的基础上，经永佳公司与回马镇人民政府（以下简称回马镇政府）多次协商并报请大英县人民政府（以下简称大英县政府）同意，双方分别作为甲方、乙方，于同年9月6日达成并签订了《大英县永佳纸业有限公司资产转让协议书》（以下简称《资产转让协议书》）。

《资产转让协议书》首部内容为：根据国家产业发展要求，淘汰高耗能、高污染产业，实现节能减排的目标，依照市、县的有关要求（大英县委〔2013〕23期会议纪要），甲方自愿关闭公司、退出造纸产业，甲方将公司土地、房屋（构筑物）等资产在清算后转让给乙方。为此，经甲、乙双方协商一致，双方自愿签订本协议。该协议主文的主要内容为：①甲方于2013年8月10日前主动关闭、退出造纸产业的活动；按照《中华人民共和国公司法》相关规定，对公司的资产、债权、债务等进行清算；申请注销相关证照，将公司土地、房屋（构筑物）等资产转让给乙方，由乙方处置。②转让费（含土地、房屋、构筑物等）人民币1217万元，分别于2013年8月10日前由乙方支付给甲方100万元，其余差额在2014年2月10日前由乙方在回马镇土地

---

〔1〕 案号：（2017）最高法行申195号。

出让收益中进行支付。如不能按约支付，按月息1.5%计息，由乙方按月支付；甲方应维持保护所属房屋不得损坏；甲方应保证土地、房产与第三方无任何纠纷（若甲方用土地、房产抵押贷款，乙方有权用转让费代为清偿，不足部分由甲方承担清偿）；甲方于2013年10月10日前将《国有土地使用权证》和《房屋所有权证》申请相关部门过户于乙方回马镇政府名下（土地、房屋面积应按评估机构的《资产评估报告书》面积认定），由此产生的费、税由乙方承担；甲方于2013年8月10日前将企业的相关资料（国有土地使用证、房屋所有权证、清算报告等）移交给乙方；甲方应于2013年8月10日前向政府相关部门申请依法注销各类证、照。若不能办理土地房屋过户，乙方扣转让费100万元作为土地款，用于办理过户手续。③甲方承担2013年8月10日前公司的民事、行政、刑事责任；甲方务必于8月10日前清偿拖欠工人工资、拖欠税款及其他债务；若甲方没有按时清偿债务，乙方有权用转让费代为清偿。2013年8月10日前的债权由甲方主张。④甲方于2013年8月10日前主动从公司撤出管理人员，将资产交乙方行使管理权。甲方若逾期没有撤出管理人员、关闭企业，乙方将强制依法关闭，由此造成的损失由甲方承担。⑤乙方如何处置永佳公司资产，甲方无权干涉。⑥以上协议双方共同遵守，如有违反，违约方支付300万元违约金。⑦其他未尽事宜，双方协商解决。协议经甲、乙双方签字生效；协议一式六份，甲、乙双方各持一份，相关部门存查。

再审原告诉称：公司与再审被告之间达成的协议符合行政协议的本质特征，是合法有效的行政合同。大英县政府和回马镇政府亦没有按照协议的约定在次年2月10日前支付全部款项，尚有894.6万元没有支付。应当由再审被告支付相应的资金利息，且应追究再审被告的违约责任，判决其给付违约金300万元。

再审被告辩称：《资产转让协议书》是典型的民事合同，大英县政府从未对永佳公司的资产按法定程序作出任何的征收决定，永佳公司提起的本案诉讼根本不属于行政诉讼的受案范围，应当依法裁定驳回起诉。永佳公司没有按照约定于2013年10月10日前将《国有土地使用权证》和《房屋所有权证》过户登记到回马镇政府名下，公司资产也是在次年的1月13日才移交。同时，《资产转让协议书》系回马镇政府与永佳公司签署，大英县政府不是缔约当事人，该协议对大英县政府不具有法律约束力。

诉讼请求：请求判令：①大英县政府、回马镇政府支付永佳公司转让费人民币894.6万元及利息（从2014年4月4日起至实际付清之日按月息1.5%计算，其中2014年2月10日至2014年4月4日按本金1017万元计息）。②本案诉讼费用由大英县政府、回马镇政府负担。

法院裁判：一、二审支持了永佳公司主张，大英县政府申请再审，最高人民法院裁定：大英县政府为履行环境保护治理的行政管理职责通过受让资产的形式订立《资产转让协议书》，并不违反相关的规定。该协议受让资产的价款是在履行相应评估程序和多次协商并报请大英县政府同意后所确定，在订立协议的过程中行政机关已履行了相应的决策程序，对于受让涉案资产所支付的对价及能达到的行政管理效果系有所评估和预期的，其在《资产转让协议书》作出的承诺应有相应的公信力。但其申请再审期间仍主张原审法院"若在永佳纸业并未清算注销，其所谓资产也不能合法转让的情况下，要求回马镇政府乃至大英县政府给付数以千万元的财政资金作价款，必将严重损害国家和广大人民群众的利益"，此不仅无视自己作为国家机关的承诺，更无视比案涉协议利益更值得保护的国家公信及民众对其之信赖利益，且根据本案一、二审审理及再审审查期间大英县政府、回马镇政府提供的相应证据材料，亦尚不足以证明存在案涉财产无法转让严重损害国家和广大人民群众利益的情形。故大英县政府的该项再审申请理由不能成立，不予支持。

二、法律问题

1. 《资产转让协议书》是否属于行政协议？
2. 《资产转让协议书》应如何履行及是否损害国家利益的问题？

三、法理分析

本案系当事人双方在履行行政征收协议的过程中所发生的纠纷引起的诉讼。被诉行政行为是再审被告四川省大英县人民政府未履行、未按照约定履行协议的行为。对该被诉行政行为合法性的审查不仅仅要从《行政诉讼法》和相关行政实体法的角度，还需要从合同法等民事法律规范的角度进行。

本案中，有关再审被告是否按照约定履行了协议的审查，应当首先判断该协议是否属于行政协议，其次再对协议双方的履行行为进行审查。根据

《2015 年司法解释》第 11 条第 1 款的规定，行政协议是指"行政机关为实现公共利益或者行政管理目标，在法定职责范围内，与公民、法人或者其他组织协商订立的具有行政法上权利义务内容的协议，属于行政诉讼法第 12 条第 1 款第 11 项规定的行政协议。"根据这一规定，对行政协议的判断需要从以下五个方面进行：①该协议主体一方为行政主体，这与民事合同的当事人为平等主体相区别；②该协议的目的为了实现公共利益或者行政管理目标这一行政法上的目的，这与民事合同是为了私法上的利益相区别；③该协议是行政机关行使行政职权、履行行政职责的一种方式，民事合同则不属于行使行政职权、履行行政职责的方式；④该协议的内容是行政法上的权利义务，这与民事合同的内容是民事法律上的权利义务相区别；⑤该协议是否经过行政主体与行政相对人的协商，意思表示一致，这与行政处罚、行政强制等行政单方行为相区别。

《资产转让协议书》中明示，"根据国家产业发展要求，淘汰高耗能、高污染产业，实现节能减排的目标，依照市、县的有关要求（大英县委〔2013〕23 期会议纪要)"，而签订的合同；同时，依据《环境保护法》的相关规定，大英县政府具有环境保护治理的法定职责；这一协议的目的也是为了通过受让涉污企业永佳公司资产，让永佳公司退出造纸行业，以实现节能减排和环境保护的行政管理目标，维护公共利益。因此，根据上述理由可以认定，该《资产转让协议书》属于行政协议。

认定《资产转让协议书》属于行政协议后，需要判断该协议应该如何履行以及继续履行是否会损害国家利益的问题。当事人双方履行行政协议，在适用行政法律规范的同时，可以适用不违反行政法和行政诉讼法强制性规定的民事法律规范。《资产转让协议书》约定"若不能办理土地房屋过户，乙方扣转让费 100 万元作为土地款，用于办理过户手续"，可以认为大英县政府、回马镇政府对涉案土地及房产后续的产权办理是有预期的，在扣除相应的金额后可以免除永佳公司在后续产权办理的相应责任。在没有证据证明永佳公司就相关资产转让存在欺诈、胁迫等恶意行为的情况下，涉案土地及房产后续的产权过户办理，并不影响该协议的效力及履行。因此，在双方履行协议过程中，永佳公司没有按照约定时间将土地和房屋权证过户登记，资产管理权的移交也晚于约定时间，对永佳公司要求支付违约金等的请求，依法不予支持；大英县政府、回马镇政府亦已以不予支付剩余"转让费"行使其先履行抗辩权，但是鉴于案涉协议约定"若不能办理土地房屋过户，乙方扣转让费100万元作为土地款，用于办理过户手续"，且永佳公司同意依约定扣转该笔费用并已移交了资产管理权，因此大英县政府应支付剩余"转让费"及资金利息。

四、参考意见

判断一个协议是否属于行政协议，主要从形式标准和实质标准进行，形式标准是指行政协议发生在具有行政职权、履行行政职责的机关和组织及其工作人员与行政职权所作用的公民、法人或者其他组织之间；实质标准是指行政协议的标的及内容是行政法上的权利义务，意在提供一种指引，强调行政协议不同于民事合同，这一标准排除了行政机关基于自身民事权利义务而签订的协议。

拓展案例

萍乡市国土资源局与萍乡市亚鹏房地产开发有限公司土地登记行政纠纷上诉案[1]

一、基本案情

2004年萍乡市土地收购储备中心受萍乡市肉类联合加工厂委托，经萍乡市国土资源局（以下简称市国土局）批准，公开挂牌出让TG-0403号地块国有土地使用权，并在《萍乡日报》发出公告：地块位于萍乡市安源区后埠街万公塘，土地出让面积为23 173.3平方米，开发用地为商住综合用地，冷藏车间维持现状，容积率2.6，土地使用年限为50年。2004年2月12日，萍乡市亚鹏房地产开发有限公司（以下简称"亚鹏公司"，其前身名称为"萍乡市安源区泰安房地产开发有限公司"）通过投标竞拍，以人民币768万元竞得该宗土地使用权，萍乡市土地收购储备中心与亚鹏公司签订了挂牌出让成交

---

〔1〕 案号：（2014）萍行终字第10号。选自"最高人民法院关于发布第15批指导性案例的通知"。

确认书。2006年2月21日，亚鹏公司与市国土局签订了《国有土地使用权出让合同》，合同约定：亚鹏公司为受让人，市国土局为出让人；出让人出让给受让人的宗地位于萍乡市安源区后埠街万公塘，宗地编号为TG-0403，出让土地面积为23173.3平方米，出让宗地的用途为商住综合用地，冷藏车间维持现状。土地使用权出让年期为商业40年，居住70年，自出让方向受让方实际交付土地之日起算，原划拨土地使用权补办出让手续的，出让年期自合同签订之日起算。土地价款总额计人民币768万元，主体建筑物性质为商住综合，建筑容积率不大于2.6，密度不大于40%，建筑层数为6层，绿地比例不小于30%，其他用地利用要求必须符合城市规划建设要求，按规划要求执行等权利义务事项。之后亚鹏公司按合同约定向市政府的财政部门共计交纳了768万元（此款包含土地出让金5 480 485元、管理费、契税等）。2006年1月10日，因冷藏车间不能拆除等原因，亚鹏公司书面信函给萍乡市土地收购储备中心："TG-0403号地块划定的两块地分界线无误，如有误由我公司负责"。2006年3月2日，市国土局向亚鹏公司颁发了"萍国用（2006）第43750号"和"萍国用（2006）第43751号"两本国有土地使用证，其中"萍国用（2006）第43750号"土地证载明"地类（用途）为工业，使用权类为出让，使用权面积为8359.1平方米"；"萍国用（2006）第43751号"土地证载明地类为商服、住宅用地。亚鹏公司认为"萍国用（2006）第43750号"土地证登记的地类（用途）为工业有误，多次向市国土局反映，要求其将"萍国用（2006）第43750号"土地证地类由"工业"更正为"商住综合"。2012年4月23日，市国土局明示不同意更正，亚鹏公司为此提起行政诉讼后撤诉。

2012年7月30日，萍乡市规划局向萍乡市土地收购储备中心作出"《关于要求解释〈关于萍乡市肉类联合加工厂地块规划要求的函〉》中有关问题的函"的复函，复函称"贵中心'关于要求解释《关于萍乡市肉类联合加工厂地块规划要求的函》中有关问题的函'已收悉，现函告如下：我局在2003年10月8日出具规划条件中已明确了该地块用地性质为商住综合用地（含冷藏车间约7300平方米，下同），但冷藏车间维持现状性质。根据该地块控规，其用地性质为居住（兼容商业），但由于地块内的食品冷藏车间是目前我市唯一的农产品储备保鲜库，也是我市重要的民生工程项目，因此，暂时保留地块内约 7300 平方米冷藏库的使用功能,未经政府或相关主管部门批准不得拆除"。2013 年 2 月 21 日,市国土局向亚鹏公司作出书面答复:①根据市规划局出具的规划条件和宗地实际情况,同意贵公司申请 TG - 0403 号地块中冷藏车间用地的土地用途由工业用地变更为商住用地。②由于贵公司取得该宗地中冷藏车间用地使用权是按工业用地价格出让的,根据《中华人民共和国城市房地产管理法》之规定,贵公司申请 TG - 0403 号地块中冷藏车间用地的土地用途由工业用地变更为商住用地,应补交土地出让金。补交的土地出让金可按该宗地出让时的综合用地(住宅、办公)评估价值减去工业用地评估价值以原宗地综合用地实际成交总价与评估价的同等比例计算,即 297.656 万元×70% =208.36 万元。③冷藏车间用地的土地用途调整后,其使用功能未经市政府批准不得改变。亚鹏公司不服,于 2013 年 3 月 10 日向法院起诉,要求判令撤销上述答复的第②项,之后又撤诉。同年 7 月 10 日,亚鹏公司再次向法院起诉,请求判令市国土局将"萍国用(2006)第 43750 号"国有土地使用证上的地类用途由工业用地更正为商住综合用地,并撤销"关于对市亚鹏房地产有限公司 TG - 0403 号地块有关土地用途问题的答复"中第②项关于补交土地出让金 208.36 万元的决定。

一审法院判决:①萍乡市国土资源局在本判决生效之日起 90 天内对萍国用(2006)第 43750 号国有土地使用证上的 8359.1m^2 的土地用途应依法予更正;②撤销萍乡市国土资源局于 2013 年 2 月 21 日作出的《关于对市亚鹏房地产开发有限公司 TG - 0403 号地块有关土地用途的答复》中的第②项。被告提起上诉。

二审法院经过审理后认为一审判决主要事实清楚,审判程序合法,适用法律正确,判决驳回上诉,维持原判。

二、法律问题

行政机关在职权范围内对行政协议相关条款的解释应该如何适用?

三、重点提示

行政机关在职权范围内对行政协议约定的条款进行的解释,对协议双方具有法律约束力,人民法院经过审查,根据实际情况,可以作为审查行政协议的依据。

阅读资料

二维码 5－7

案例附表

案例名称	案号	判决法院	裁判要旨	案例来源
田某诉北京科技大学拒绝颁发毕业证、学位证行政诉讼案	一审：（1998）海行初字第00142号 二审：（1999）一中行终字第73号	北京市第一中级人民法院	高等学校对受教育者因违反校规、校纪而拒绝颁发学历证书、学位证书，受教育者不服的，可以依法提起行政诉讼。高等学校依据违背国家法律、行政法规或规章的校规、校纪，对受教育者作出退学处理等决定的，人民法院不予支持。高等学校对因违反校规、校纪的受教育者作出影响其基本权利的决定时，应当允许其申辩并在决定作出后及时送达，否则视为违反法定程序。	《最高人民法院公报》1999年第4期
周某华诉北京市朝阳区黑庄户乡人民政府不履行职责案	（2015）朝行初字第819号	北京市朝阳区人民法院	行政机关不履行其通过公开文件自行设定的法律、法规或规章之外的行政职责是行政不作为，属于行政诉讼受案范围。	《行政执法与行政审判》（总第69集）
王某宏诉宣城市人民政府房屋拆迁行政决定案	（2016）最高法行申275号	最高人民法院	针对下级机关作出的批复行为实质属于上下级行政机关之间的内部行为，不属于人民法院行政诉讼受案范围。	《行政执法与行政审判》（总第70集）

案例名称	案号	判决法院	裁判要旨	案例来源
王某峰诉中华人民共和国国家发展和改革委员会案	（2017）京行终4422号行政裁定书	北京市高级人民法院	申请人在提起行政复议后再次提起行政复议，复议机关未以新的理由同样决定不予受理，此不予受理决定属于重复处理行为，不属于行政诉讼的受案范围。	《行政执法与行政审判》（总第70集）
沈某华诉江苏省公安厅行政撤销及履行法定职责案	（2017）最高法行申4409号	最高人民法院	行政主体程序性行为、过程性行为，通常不能单独申请行政复议或提起诉讼，除非该程序性行为具有事实上的最终性，并影响公民、法人或者其他组织的合法权益。	《最高人民法院典型行政案件裁判观点与文书指导》2018年版
罗某荣诉吉安市物价局物价行政处理案	（2012）吉行初字第13号	江西省吉安市吉州区人民法院	行政诉讼原告资格认定中的"利害关系"一般仅指法律上利害关系，"利害关系"不仅仅是指权利义务的增减、得失，只要行政行为对公民、法人后者其他组织的权力义务产生实际影响，原则上就具有原告资格。	最高人民法院指导案例77号
宋家四子女与梅河口市民政局等婚姻登记纠纷案	一审：（2010）梅行初字第9号 二审：（2010）通中行终字第15号 再审：（2011）通中行再字第4号；（2013）行监字第679号	一审：梅河口市人民法院 二审：吉林省通化市中级人民法院 再审：吉林省通化市中级人民法院	有权起诉的公民死亡后，其近亲属不服结婚登记行为，可以死者权利受到侵犯为由提起行政诉讼，但不得仅以自身继承权受损为由。	《人民司法·案例》2014年第12期
王某奇诉河北省产权交易中心国有资产管理行政信息公开案	（2008）石行终字第135号	河北省石家庄市中级人民法院	我国行政诉讼被告的范围包括行政机关和法律、法规、规章授权的组织，公民对其行政行为不服，可以依法提起行政诉讼。	《中国行政审判案例》第3卷

案例名称	案号	判决法院	裁判要旨	案例来源
陈某诉黄石市黄石港区人民政府行政复议决定及黄石市黄石港区公安消防大队消防案	一审：（2016）鄂02行初57号 二审：（2016）鄂行终481号；（2017）最高法行申358号	一审：湖北省黄石市中级人民法院 二审：湖北省黄石市高级人民法院	在复议机关不予受理复议申请的情况下，当事人有两种法律救济手段可以选择：一种是直接起诉原行政行为；另一种是起诉复议机关不作为。 虽然法律规定了上述两种救济手段，但却不可以同时进行，而应当选择其一。这是因为，直接起诉原行政行为，目的是要求人民法院对原行政行为的合法性作出认定和处理；起诉复议机关不作为，直接的诉求虽然是要求人民法院撤销不予受理复议申请的决定，但撤销不予受理复议申请决定的效果，则必然导致复议机关同样要对原行政行为的合法性作出认定和处理。如果同时起诉原行政行为和复议机关不作为，就会违反一事不再理原则。	李广宇：《理性诉权观与实质法治主义》，法律出版社2018年版
上海罗芙仙妮化妆品有限公司诉工商行政处罚决定案	一审：（2008）金行初字第17号 二审：（2008）沪一中行终字第367号	一审：上海市金山区人民法院 二审：上海市第一中级人民法院	擅自使用他人的企业名称或者姓名，引人误认为是他人的商品的行为，损害了消费者的权益和原知名企业的利益，是不正当竞争行为。因欧莱雅公司与本案有利害关系，法院依法追加其作为第三人参加诉讼。	《最高人民法院公报》2009年第11期
上海温和足部保健服务部诉上海市普陀区人力资源和社会保障局工伤认定案	（2015）沪二中行终字第464号	上海市第二中级人民法院	职工在工作时间和工作岗位上突发疾病，经抢救后医生虽然明确告知家属无法挽救生命，在救护车运送回家途中职工死亡的，仍应认定其未脱离治疗抢救状态。若职工自发病至死亡期间未超过48小时，应视为"48小时之内经抢救无效死亡"，视同工伤。	《最高人民法院公报》2017年第4期

案例名称	案号	判决法院	裁判要旨	案例来源
沙某保等与马鞍山市花山区人民政府房屋拆迁行政赔偿行政纠纷上诉案	（2015）皖行赔终字第00011号	安徽省高级人民法院	在房屋强制拆除引发的行政赔偿案件中，原告提供了初步证据，但因行政机关的原因导致原告无法对房屋内物品损失举证，行政机关亦因未依法进行财产登记、公证等措施无法对房屋内物品损失举证的，人民法院对原告未超出市场价值的符合生活常理的房屋内物品的赔偿请求，应当予以支持。	最高人民法院指导案例91号
崔某书诉丰县人民政府行政允诺案	（2016）苏行终字第90号	江苏省高级人民法院	诚实信用原则是行政允诺各方当事人应当共同遵守的基本行为准则。在行政允诺的订立和履行过程中，基于保护公共利益的需要，赋予行政主体在解除和变更中的相应的优益权固然必要，但行政主体不能滥用优益权。优益权的行使既不得与法律规定相违背，也不能与诚实信用原则相抵触。行政机关作出行政允诺后，在与相对人发生行政争议时，对行政允诺关键内容作出无事实根据和法律依据的随意解释，人民法院不予支持。	《最高人民法院公报》2017年第11期
松业石料厂诉荥阳市劳保局工伤认定案		河南省郑州市中级人民法院	行政诉讼证据的审核认定是以行政程序中的证据为基础。如果负有举证义务或者协助调查义务的当事人在行政程序被要求提供证据而未提供证据的，致使行政机关只能根据已有的证据认定案件事实，后当事人又在行政诉讼中提出该证据的，根据《行政诉讼证据规定》第59条，当事人在行政程序中要求提供证据而拒不提供，而后在诉讼程序中提供	《最高人民法院公报》2005年第8期

案例名称	案号	判决法院	裁判要旨	案例来源
			该证据的，人民法院一般不予采纳。当然如果被告未遵照法定程序让当事人提供证据，则应对行政程序外的证据根据证据的"三性"来审核，以确定是否采纳。	
刘某务诉山西省太原市公安局交通警察支队晋源一大队道路交通管理行政强制案	（2016）最高法行再5号	最高人民法院	行政机关既要严格执法以维护社会管理秩序，也要兼顾相对人实际情况。行政处理存在裁量余地时，应当尽可能选择对相对人合法权益损害最小的方式；实施扣留等暂时性控制措施不能代替对案件的实体处理，行政机关无正当理由长期不处理的，构成滥用职权。证明标准的问题应当视证明对象的不同而不同。	《最高人民法院公报》2017年第2期
孙某荣诉吉林省人民政府行政复议不予受理决定案	一审：（2011）长行初字第1号 二审：（2011）吉行终字第21号 再审：（2015）行提字第19号	一审：吉林省长春市中级人民法院 二审：吉林省高级人民法院 再审：最高人民法院	《政府信息公开条例》（2007）调整的"政府信息"是指现实存在的，并以一定形式记录、保存的信息。申请了解文件效力，属于咨询性质，不属于该条例第26条规定的"应当按照申请人要求的形式予以提供"政府信息的情形。行政机关针对咨询申请作出的答复以及不予答复行为，不属于政府信息公开行为，不会对咨询人的权利义务产生实际影响，故不属于行政复议的受理范围。起诉人缺乏诉的利益，则无原告资格，人民法院可以不予受理或裁定驳回起诉。	《最高人民法院公报》2016年第12期

案例名称	案号	判决法院	裁判要旨	案例来源
眉山气雾剂厂诉眉山市人民政府、眉山市国土局土地行政登记案	一审：（2004）眉行初字第4号 二审：（2004）川行终字第24号	一审：眉山市中级人民法院 二审：四川省高级人民法院	根据《2000年司法解释》第43条的规定，对于当事人提起的行政诉讼，人民法院应该立案而未立案，又未出具书面裁定，造成当事人向其他部门上访、申诉并继续向人民法院起诉的，不应将当事人第一次起诉被拒绝后，由于非自身原因延误的时间，计算在起诉期限内。	《最高人民法院公报》2005年第2期
上海金港经贸总公司诉新疆维吾尔自治区工商行政管理局行政处罚案	一审：（1998）乌中行初字第4号 二审：（1998）新行终字第9号 再审：（2005）行提字第1号	一审：新疆维吾尔自治区乌鲁木齐市中级人民法院 二审：撤销新疆维吾尔自治区高级人民法院 再审：最高人民法院	根据《行政处罚法》第31条、第39条的规定，行政机关在作出行政处罚决定前，应当告知当事人作出行政处罚决定的事实、理由和依据，并告知当事人依法享有的权利；《行政处罚决定书》也应当载明上述必要内容。如果行政机关没有作出正式的《行政处罚决定书》，而是仅仅向当事人出具罚款证明，且未向当事人告知前述必要内容，致使当事人无从判断。当事人因此未经行政复议直接向人民法院起诉的，人民法院应予以受理。	《最高人民法院公报》2006年第4期
陆某霞诉南通市发展和改革委员会政府信息公开答复案	（2005）通申行终字第00131号	一审：南通市港闸区人民法院 二审：南通市中级人民法院	知情权是公民的一项法定权利。公民必须在现行法律框架内申请获取政府信息，并符合法律规定的条件、方式和方式，符合立法宗旨，能够实现立法目的。如果公民提起政府信息公开申请违背了《政府信息公开条例》的立法本意且不具有善意，就会构成知情权的滥用。当事人反复多次提起琐碎的、轻率的、相同的或	《最高人民法院公报》2015年第11期

案例名称	案号	判决法院	裁判要旨	案例来源
			者类似的诉讼请求，或者明知无正当理由而反复提起诉讼，人民法院应对其起诉严格依法审查，对于缺乏诉的利益、目的不当、有悖诚信的起诉行为，因违背了诉权行使的必要性，丧失了权利行使的正当性，应认定构成滥用诉权行为。	
袁某辉、李某平诉安徽省六安市裕安区人民政府土地征收案	一审：（2015）六行初字第00012号 二审：（2015）皖行终字第00179号 再审：（2017）最高法行申4248号	一审：安徽省六安市中级人民法院 二审：安徽省高级人民法院 再审：最高人民法院	当事人提起行政诉讼的诉讼请求应当具体、明确。原告诉讼请求不明确的，人民法院不能未经释明而径行确定诉讼请求进行审理，而应当释明并告知原告予以明确，当事人拒绝纠正的，人民法院可以裁定驳回起诉。人民法院未经释明而径行确定诉讼请求进行审理并作出裁判，属于认定事实不清。	《最高人民法院行政裁判要旨及评述（2017年卷）》
鲁潍（福建）盐业进出口有限公司苏州分公司诉江苏省苏州市盐务管理局盐业行政处罚案	（2009）金行初字第0027号	一审：江苏省苏州市金阊区人民法院	地方政府规章违反法律规定设定许可、处罚的，人民法院在行政审判中不予适用。	《最高人民法院关于发布第二批指导性案例的通知》5号
丹阳市珥陵镇鸿润超市诉丹阳市市场监督管理局不予变更经营范围登记案	（2015）丹行初字第00052号	一审：江苏省丹阳市人民法院	市场经营主体申请变更登记经营范围，市场监管部门依据地方政府文件规定不予办理，人民法院经审查认为该规范性文件相关内容违反上位法规定，存在限制市场公平竞争违法情形的，该规范性文件不作为认定被诉行政行为合法的依据。	《最高人民法院公报》2018年第6期

案例名称	案号	判决法院	裁判要旨	案例来源
尹某玲诉台州市国土资源局椒江分局土地行政批准案	一审：（2011）台玉行初字第2号 二审：（2011）浙台行终字第136号	一审：台州市玉环县人民法院 二审：台州市中级人民法院	人民法院判决被告重新作出行政行为，在一定情形下可以判决被告作出特定行政行为。	《中国行政审判案例》（第4卷）
苏某诉瞻州市人民政府不履行法定职责案	（2011）海南二中行终字第18号	一审：海南省儋州市人民法院 二审：海南省中级人民法院	在相关证据表明行政机关有权且可以对争议事项作出处理的情况下，判决行政机关履行法定职责应当尽可能的具体明确，要求行政机关作出处理。在相关证据表明行政机关对争议事项已经不存在判断余地或者裁量空间，即"案件事证明确"且"无需被告裁量"，则法院可以在判决中引导行政机关作出特定行为或者直接判决行政机关作出特定行为。	《中国行政审判案例》（第4卷）
寿光中石油昆仑燃气有限公司诉寿光市人民政府、潍坊市人民政府解除政府特许经营协议案	一审：（2016）鲁07行初88号 二审：（2017）鲁行终191号	一审：山东省潍坊市中级人民法院 二审：山东省高级人民法院	行政相对人迟延履行政府特许经营协议致使协议目的无法实现的，行政机关可以单方解除政府特许经营协议。行政机关据此强制收回特许经营权行为，应肯定其效力，但对于收回特许经营权过程中没有履行听证程序的做法应给予确认违法的评价。	《最高人民法院公报》2018年第9期
俞某诉无锡市城市管理行政执法局城市管理行政处罚案	（2010）锡行中字第43号	一审：无锡市南长区人民法院 二审：无锡市中级人民法院	行政机关将行政处罚事先告知书和决定书以张贴方式送达给相对人，但相对人表示未收到的，则该送达方式不合法，不能视为送达，该送达方式也不能证明行政机关已向相对人告知给予行政处罚的事实、理由和依据及告知其有权要求陈述和申辩，故行政机关所作的行政处罚决定不成立。	《中国行政审判案例》（第3卷）

案例名称	案号	判决法院	裁判要旨	案例来源
永佳公司诉大英县人民政府、回马镇人民政府不履行行政协议纠纷案	（2017）最高法行申195号	一审：四川省遂宁市中级人民法院 二审：四川省高级人民法院 再审：最高人民法院	判断一个协议是否属于行政协议，主要从形式标准和实质标准进行，形式标准是指行政协议发生在具有行政职权、履行行政职责的机关和组织及其工作人员与行政职权所作用的公民、法人或者其他组织之间；实质标准是指行政协议的标的及内容是行政法上的权利义务，意在提供一种指引，强调行政协议不同于民事合同，这一标准排除了行政机关基于自身民事权利义务而签订的协议。	《最高人民法院裁判案例》